Con permisito dijo Monchito

Esteban Valdés

Dirección editorial: Mónica Garciadiego Cano l @acitvatumentecreadora
Ilustración de portada: Rafael Lemos l @rafaellemosdesenhos
Diseño: Lucia López Garci-Crespo
Revisión: Joselyn Zaldívar l @elplacerdelalecturaenvozalta
Ilustradores:
Dundee Hoffman de Souza l @dundeehoffmandesouza
Tiago Soares dos Santos l @soaresdossantostiago
Will Ríos l @willriosart
Miguel Ángel Caballero Piorno l @guelocartoon
Rafael Lemos l @rafaellemosdesenhos
Frans Chacón l @free.strokes

Para comentarios y sugerencias puedes escribir a:
estedelfin@yahoo.com.mx
estebitancvaldes@gmail.com

Enlaces de interés:
- @Conpermisito
- estebitanvaldes
- Ramón Valdés

Dedicatoria

A mi mamá: Araceli, mujer, esposa y madre extraordinaria.

A mis hermanas: Araceli, Gabriela, Carmen y Selene, con quienes viví esta maravillosa historia.

A mis hermanos: Rafael, Ramón, Jorge, Miguel y Dianita, con quiénes gracias a mi papá tengo un vínculo de amor tan grande, como el que tuvimos con él, todos sus hijos.

A mi hermanita: María Antonieta de las Nieves "La Chilindrina", quien como hija, vivió y convivió más que algunos de nosotros, con nuestro "Papito, lindo hermoso, ¡cuánto te queremos!"

Agradecimientos

A Mónica Garciadiego. Mentora, Coach y Colaboradora. Gracias por guiarme y ayudarme a realizar este increíble proyecto.
¡Gracias a todo tu equipo!
Gracias por tu paciencia, tu entrega y tu cariño.

A Bárbara Cosío por ser el eslabón que me conecto con Mónica.

A Grupo Chespirito, por creer en este proyecto y ayudarme a difundirlo.

A los Artistas y Diseñadores: Rafael Lemos, Tiago Soares, Will Rios, Dundee Hoffman de Souza, Miguel Ángel Caballero y Frans Chacón.

A Germán Valdés Sánchez, Gerson Araancibia y Russell Phillips por el apoyo técnico y fotográfico.

A Edgar Vivar quien fue el primero en leer el ensayo de mi libro y me aconsejó buscar ayuda para mejorar.

Índice

13   **Primera escena**

15   **El último viaje**

21   **La maldición de la familia**

29   Un movimiento inesperado

33   **El origen**

39   El encuentro

40   Una boda, un conflicto

43   La familia crece

45   Ciudad Juárez y su poderosa influencia

52   Las bodas

57   **Comienza a navegar en su propio velero**

61   Una sirena que canta swing

71   Un aniversario y dos funerales

75   **Las muchas casas**

75   La casa de la reja verde

77   La casa de carlos dolci

82   La casa de madera

85   La casa de la vieja loca

89   El departamento de Adolfo Prieto

94   El departamento de Calle Mariposa *"el santo regalo"*

102   La casa de Acolotitla 19, San Lucas Coyoacán

112   La casa de San Miguel 47, San Lucas Coyoacán

116   La casa de Tauro 167, Colonia Prado Churubusco

119   La casa rodante

120   Una casa en Cuernavaca

123   **Álbum de fotos**

141   **La maldición atacó de nuevo**

157   Una palabra peor que 'cáncer'

161   Ya no soy "cabra" ahora soy"oveja

165   **El último viaje**

167   Cuenta regresiva

181   **Honor a quien honor merece**

185   **Detrás de un gran hombre hay una gran mujer**

189   **Trabajos de Ramón Valdés y Don Ramón**

193   **Trayectoria**

Slusdu 2020

Con permisito dijo Monchito

PRIMERA ESCENA

Pantalla en negro

(Se escucha la música de Chuck Mangione *"Legend of The one eyed sailor"*)

Comienzan a aparecer fotografías de arte gráfico de Ramón Valdés - Don Ramón, lentamente, y conforme van pasando, la velocidad aumenta cada vez más, lo que permite ver, decenas de estos, los cuales en un momento se repiten.

Al terminar....aparecen las palabras:

"Creo que lo que hace que un ser humano permanezca, es su trabajo, a través del tiempo y a lo largo de los años" -Bette Davis (Actriz de Hollywood).

En off, se escucha el bullicio de una escuela secundaria a la hora del recreo.

Desde lo alto- Toma aérea con dron se ve a los alumnos de secundaria, corriendo, jugando, comiendo.

Suena el timbre que indica que terminó el recreo, y se escucha un gran bullicio y gritería de los alumnos, que poco a poco, se forman en las filas correspondientes antes de entrar a las aulas.

¡¡¡¡CORTE!!!!

Tal vez te estés preguntando por qué comienzo esta historia como si fuera un guión cinematográfico

Pues bien, aunque mi intención desde siempre fue escribir este libro, también lo ha sido hacer un documental, por eso lo que están por leer ahora, muy probablemente sea la base para lograr ese otro anhelado proyecto.

¡Ahora si! :

¿LISTOS?....... ¡SILENCIO!.... ¡LUCES!.... ¡CÁMARA! .... ¡ACCIÓN!

-

DRAMATIZACIÓN

CONTINÚA LA TOMA AÉREA CON EL DRON. Algunas de las filas en el patio empiezan a caminar hacia las aulas, el encuadre enfoca a dos alumnos que conversan en la fila, que permanece esperando su turno para moverse.

Voz en off de Esteban Valdés

"Era principio de los años setenta cuando un compañero de la secundaria me preguntó:

– *¿Qué sientes que tu papá sea actor y salga en la televisión?*

Me sorprendió un poco la pregunta, pero le respondí con dos preguntas:

– *¿Tú papá qué es?*

– *Doctor* – respondió

– *¿Qué sientes que tu papá sea Doctor?*

– *Mmm....nada.*

– *Pues yo tampoco siento nada de que mi papá sea actor y salga en la tele.*

***

Para ese entonces yo me había acostumbrado a ver a mi papá en televisión en las películas de mi tío "Tin Tan", o en el programa "Sábados de la fortuna", en los Sketches de "Los Supergenios de la mesa cuadrada" donde mi papá hacía el papel de "El Ingeniebrio Ramón Valdés y Tirado Alanís", o en el "Chapulín Colorado" y en especial en "El Chavo del 8" como "Don Ramón". Además, ese hombre que salía todas las semanas en la televisión –en especial como "Don Ramón"-, era el mismo que había salido de mi casa a trabajar, a grabar esos programas en los que vestía igual y hacía lo mismo que hacía en mi casa: Construirnos muebles de madera, -como nuestras camas o literas-, pintar, cantar y tocar la guitarra, cocinar, enojarse y gritar, e incluso, ¡deber la renta!

Después de más de 50 años, sigo acostumbrado a ver a mi padre actuando todos los días en televisión y ahora apareciendo constantemente en internet, en miles de imágenes de retratos en diferentes situaciones, convertidas en ARTE GRÁFICO, DIBUJOS, PINTURAS Y MEMES.

Pero, a diferencia de lo que pensaba en aquel tiempo, ahora estoy consciente del alcance e impacto a nivel mundial que en especial el personaje de ¨Don Ramón¨ o "Seu Madruga", tiene en millones de personas, identificándose con él de manera tan personal.

Por todo esto, creo que ahora es el mejor momento para que por medio de este LIBRO y el DOCUMENTAL, sus fans y la gente que lo quiere, y lo admira, ¡conozcan al hombre fuera de cámaras!; al padre, esposo, hermano, hijo, amigo y vecino que fue mi papá: **Don Ramón Valdés**.

EL ÚLTIMO VIAJE

Primera parte

Autopista Cuernavaca-México,
20 de julio de 1988, 1:00 p.m.

Jamás me imaginé que sería yo quien llevaría a mi papá, a través de esa autopista tan entrañable para mis hermanas y para mí, hasta el lugar donde pasaría sus últimos días antes de morir: El Hospital Santa Elena, en la ciudad de México.

Como siempre en nuestros viajes en carretera, íbamos escuchando música y platicando un poco.

A mitad del camino, se acomodó con dificultad hacia su lado derecho, de manera que pudiera ir viendo el paisaje: las montañas cubiertas de hierba verde y cientos de pinos y eucaliptos iluminados por el sol, que producían esa fragancia que tanto le gustaba. Y los valles llenos de esos montones de paja o heno en forma de cono, los cuales aparentaban ser, -según él mismo decía- Tipis, o casitas de indios que por ahí vivían.

Al ir conduciendo, podía ver su cara por el espejo retrovisor del lado derecho que estaba "mal acomodado", y percibí en su mirada cierta paz y tranquilidad, como si estuviera orando, lo cual se hizo evidente cuando suspiró profundamente para después decir – "En nombre sea de Dios" –. La ternura que sentí al verlo acurrucarse y quedarse dormido fue indescriptible. Por momentos mis ojos se llenaban de lágrimas al verlo ahí, como un bebé indefenso, ya que, debido a su enfermedad, había perdido toda su vitalidad y energía, pero sobre todo, porque yo sabía que al final él iba a morir.

Al seguir nuestro viaje, mientras él dormía, me vino a la mente la celebración de año nuevo de 1975, en nuestra casa de Cuernavaca, en que me dio permiso de tomar por primera vez una copa de Champagne. En breves minutos empecé a sentir mucha alegría y cierta nostalgia, y lo primero que quise hacer fue abrazarlo. Sin saber por qué, empecé a llorar. Al darse cuenta de eso, me abrazó muy fuerte. Y es que, en mi mente, -como si de una película se tratara- recordé todo lo que había hecho por nosotros desde niños: cómo nos arrullaba, nos bañaba, nos preparaba de comer, nos cantaba y cómo, en los momentos difíciles de nuestra vida —en especial cuando fuimos pobres-, siempre buscó la manera de que fuéramos felices. Y mientras más detalles me venían a la mente, más fuerte lo abrazaba. Entonces, aun llorando, le dije al oído: ¡Gracias papá! ¡Gracias!

Tras este emotivo recuerdo y después de secar mis ojos- me di cuenta de la distancia que habíamos ya recorrido, estábamos llegando a la Ciudad de México y, finalmente, llegamos al Hospital Santa Elena, -ubicado en la calle de Querétaro # 58, en la famosa Colonia Roma- donde tanto las enfermeras como los médicos, lo recibieron con mucho gusto, ya que apenas tres semanas antes había estado ahí.

En el cuarto del hospital, ya estaba mi tía Nena, -hermana de mi papá-, y algunos familiares cercanos cuyos rostros no podían esconder la preocupación por su salud. Después llegaron mis hermanas y mi mamá.

Lo que vivimos como familia durante sus últimos días en este lugar son recuerdos muy tristes, pero a la vez aleccionadores, y hasta graciosos, ya que, a pesar de todo lo que sufrió, jamás perdió su sentido del humor.

Pero, ¿Cuál sería el origen de esta triste situación?

LA MALDICIÓN
DE LA FAMILIA

Cuando mi papá era adolescente y todavía vivía en Ciudad Juárez, probó por primera vez un cigarrillo. Como le sucede a todos los que lo prueban por primera vez le pareció desagradable, pero para quedar bien con los amigos, siguió fumando hasta que, desgraciadamente le empezó a tomar el "gusto" y comenzó a fumar más, aunque de manera secreta.

La situación empeoró cuando los actores de Hollywood de los años 30´s 40´s, como Humphrey Bogart y John Wayne, actores a quienes los Valdés admiraban, aparecieron fumando en sus películas, lo que supuestamente reforzaba la virilidad de los personajes que interpretaban. El resultado fue que, con el tiempo, más y más jóvenes, y después señoritas, adoptaron esa nueva "moda" como mi papá, quien en poco tiempo ya se había enviciado.

Siendo yo un adolescente, recuerdo muy bien la rutina de mi papá al despertar: Sentarse en la cama, encender su primer cigarrillo, y cuando ya iba a la mitad, se paraba, se estiraba y bostezando se asomaba por la ventana de su cuarto por donde miraba al cielo detenidamente, entonces se persignaba y decía: – "En nombre de Dios", y se iba al baño con el periódico o su revista favorita y su cajetilla de cigarros sin filtro. Aunque, si ese día tenía grabación, se metía su libreto –Script de "El Chavo" o "El Chapulín" – para estudiarlo ahí. Dentro del baño seguía fumando y, así, salía… fumando.

El siguiente paso era pedirnos que le hiciéramos un café negro con azúcar bien caliente, y se lo llevábamos a donde él estuviera. Al comenzar a tomarlo, casi simultáneamente, encendía otro cigarrillo, y seguía leyendo noticias en el periódico, viendo la televisión o repasando su libreto.

Casi cada evento era acompañado por otro cigarrillo, y por supuesto los inevitables después de desayunar, comer o cenar, también acompañados de otro café.

Cuando ya se iba a trabajar, le echábamos la bendición y él nos daba un gran beso y subía a su coche, donde casi siempre, antes de encender el motor, ya había encendido otro cigarrillo.

Tristemente este vicio de fumar era parte no sólo de su rutina sino también ya parte de su personalidad. Ramón Valdés sin un cigarro, ¡no era mi papá!.

Para colmo, al grabar los programas de televisión "El Chavo" o "El Chapulín", en muchas ocasiones ¡lo hizo fumando! Lo que en ese tiempo en México era poco visto en televisión.

Sin miedo a equivocarme, calculo que fácilmente se fumaba más de tres cajetillas de cigarrillos diarios. Probablemente, este desagradable vicio, -junto con la tendencia genética de la Familia Gómez Valdés Castillo con gran propensión a enfermar de Cáncer-, llevará a mi papá a enfermar y morir. Mi abuelo Rafael, mi abuela Guadalupe, y mis tíos Germán, Cristóbal, y recientemente Manuel murieron de la misma enfermedad.

Fue a finales de los años 70's, cuando además de trabajar con Chespirito, mi papá había comenzado a presentarse esporádicamente en diferentes Circos. Por lo general lo anunciaban como "El Circo de Don Ramón". Sin embargo, después de haber dejado definitivamente el programa de "El Chavo" en 1981 lo hizo "más de lleno" en circos como el Circo Atayde, El Circo de los hermanos Fuentes Gasca, el Circo Mayar y el Circo Orrins, entre otros.

El éxito no se hizo esperar y como resultado de eso, durante varios años, viajó a través de todo México y algunos países de Centro y Sudamérica.

Como le encantaba manejar en carretera, casi siempre, después de saber a qué ciudad de México iría el Circo, él agarraba carretera y se "adelantaba", asegurándose de llevar suficientes "cassettes" con su música favorita –Chuck Mangione, Los Cuñaos y Los Creedence- para escucharlos en el viaje, y por supuesto sus cigarros y algún refresco para tomar.

Uno o dos días después, para cuando el Circo ya había llegado y se había instalado, él ya estaba listo y con energía para trabajar, pues casi siempre llegaba a un hotel, y de ahí se iba al Circo para las funciones, donde también tenía su "camerino", un móvil-home adaptado con todo lo necesario, incluyendo un baño, una cama, una cocineta, y sobre todo lo más importante, un Frigo bar, donde tenía hielo, refrescos, -Coca-Cola y agua mineral- y algo para comer, como queso, galletas, aceitunas, jamón, chocolates y por supuesto su Bacardí.

Casi siempre, una hora antes de la función, como el móvil-home no siempre tenía aire acondicionado, y solo había un ventilador, para quitarse el calor y refrescarse. se preparaba su bebida favorita: Una "Cuba libre", es decir, ron con Coca-cola y unas gotas de limón. Por supuesto ¡mucho hielo! También, mientras esperaba a que le avisaran que ya iba a salir a la función, agarraba su guitarra y, entre una canción y otra, se fumaba unos dos cigarrillos y comía algo ligero.

Cuando escuchaba un grito fuera del camerino que decía:

—"¡Don Ramón! ¡Vamos! ¡Ya es hora!"

Se ponía su gorrito, y salía hacia la carpa, acompañado siempre de su asistente.

Una vez terminada su actuación - que duraba aproximadamente 45 minutos, y que incluía un breve sketch con música de La Pantera Rosa y juegos y concursos donde regalaba muñecos de "Don Ramón" como premios a los niños que ganaban -, regresaba a su camerino chorreando de sudor, y nada más entrando, se quitaba toda la ropa y se paraba frente al ventilador, mientras le pedía a su asistente, -en ocasiones Ernesto Medina del Circo Atayde-, que le preparara su cuba, la cual se acababa casi de un solo trago. Ya más relajado, le pedía algo de comer y una cuba más que se tomaba con más calma. Después, se echaba un regaderazo para refrescarse. Finalmente agarraba su guitarra otra vez y se ponía a cantar acompañado de su inseparable "amigo": *el cigarrillo* y como entre función y función había casi dos horas; si podía, hasta se echaba una siesta, ya fuera ahí mismo o en el hotel.

Durante años esa fue la rutina de mi papá. A veces se quedaba una semana completa en cada ciudad o pueblo, y a veces un fin de semana en un lugar. Las temporadas podían durar varios meses, ya que mucha gente quería verlo y su representante programaba las giras, tanto nacionales como internacionales, de manera que se hiciera un circuito que incluyera la mayor cantidad de locaciones posibles.

A mediados de 1984, hizo una breve pausa en el Circo para participar en el cortometraje "Aprendiz de pirata" al lado del joven cantante Mexicano Luis Miguel, interpretando a un pirata, quien a la vez era su tío y su representante.

Una vez terminado este proyecto, volvió a su actividad circense. Sin embargo, fue entonces cuando comenzó a sentir dolores y frecuentes molestias en su estómago.

Aunque era incómodo, se hizo el fuerte y, sin consultar a un médico, siguió trabajando por lo menos un año más.

Para finales de agosto de 1985, los dolores estomacales se habían hecho más agudos y algunas veces lo que comía lo vomitaba, obligándolo a suspender cualquier proyecto de trabajo para, ahora sí, programar una cita con el médico.

La mañana del viernes 23 de agosto, después de que el médico escuchó los síntomas que mi papá tenía y sobre todo desde cuando habían iniciado, no le quedó otra que regañarlo, pues como le explicó, tenía que haber acudido al médico desde el primer momento que se presentaron..

De inmediato, ese mismo día, le ordenó hacerse rayos X. Tan pronto como llegaron los resultados a manos del médico y los analizó, desafortunadamente observó algo anormal. Le mando hacerse análisis de sangre y estudios médicos preoperatorios y entonces le programó una cirugía para la mañana del día lunes 26 de agosto.

Llegamos al hospital el día de la cirugía mis hermanas, mi mamá y yo. Ahí también llegó mi tía Nena, y otros familiares cercanos.

Mi papá había llegado por su cuenta más temprano. En el cuarto, estuvimos bromeando y platicando con él un poco y diciéndole cuánto lo queríamos.

Mis hermanas como siempre consintiéndolo: Araceli le rascaba la cabeza, Gabriela, le sobaba los hombros, Carmen dándole besos y Selene masajeaba sus pies a la vez que todas al tiempo le preguntaban:

– "¿Quién es tu hija preferida?, ¿verdad que yo?, ¿verdad que yo?".

Mi papá con toda la calma y una sonrisa traviesa decía: "A Todas! ¡A todas las quiero!". Discretamente mientras gozaba de los mimos y cariños me volteaba a ver y me guiñaba el ojo.

Llegaron la enfermera y los camilleros. Antes de que lo llevaran al quirófano, mis hermanas y yo le echamos la bendición y le dimos un beso cada uno.

La cirugía duró más de tres horas, fueron eternas y muy angustiosas para todos los que estábamos en el hospital ese día, aún no sabíamos exactamente que tenía mi papá ni cuál sería el resultado de la operación.

Por cierto, para ese entonces mi papá se había separado de mi mamá y ya no vivía con nosotros, pues había empezado a formar una nueva familia en la Ciudad de Toluca (México) con la que llegó a ser su tercera esposa, Claudia Akel y con quien ya tenía dos hijos pequeños; mi hermanito Jorge de unos 4 añitos y mi hermanita Diana como de 3, razón por la cual ella no pudo estar ese día en el hospital. Aunque, tan pronto como pudieron, llegaron a verlo.

Finalmente, salió el doctor para decirnos que la operación había sido un éxito. Sin embargo, pidió hablar con mi mamá y conmigo en privado.

Era obvio que lo que nos diría no serían buenas noticias. El pasillo hacia su consultorio se me hizo interminable y, el eco de nuestros pasos junto con el contrastante silencio del hospital, me hizo sentir un gran escalofrío. Lo único agradable en ese trayecto era el calor de la mano de mi mamá, quien, para apoyarse, había tomado mi brazo.

El doctor se detuvo, abrió la puerta y nos invitó a pasar.

La temperatura del consultorio era un poco más cálida ya que los rayos del sol se colaban por el ventanal, aunque eso no cambió el frío que mi cuerpo todavía sentía.

— Siéntense por favor — nos dijo, a la vez que nos servía un vaso de agua — Lo que encontramos en la cirugía fue sorprendente, un 60 por ciento del estómago de Don Ramón estaba invadido de cáncer, por lo que le tuvimos que extirpar tres cuartas partes.

Al escuchar eso nos quedamos sin palabras. Volteé a mirar a mi mamá y vi en su mirada gran preocupación, y ahora fui yo quien la tomó de la mano.

Inmediatamente el Doctor, de la manera más amable que pudo, nos dio una noticia todavía más triste

—Me duele mucho decirles esto, pero dadas las circunstancias y debido a lo avanzado del cáncer en su estómago, a Don Ramón le quedan máximo 6 meses de vida" -Y continuó – "Con quimioterapia podrían ser 8 meses, pero son terapias muy agresivas y eso es solo para retardar un poco el proceso. Aun así, lo que podría ayudar es lo siguiente: Ustedes tendrán que asegurarse de que, en estos meses, Don Ramón limite tanto lo que come como lo que bebe. Si por así decirlo, acostumbra comer 5 tacos, ahora solo podrá comer uno. También sé que le gusta tomar sus cubas, no sé cuántas, pero ahora máximo podrá tomar una. Y, puesto que estoy seguro de que no dejará de fumar, ahora máximo podrá fumar tres cigarrillos al día. Platiquen como familia qué quieren hacer y háganmelo saber lo antes posible. Sobre todo, tienen que decirme si quieren que Don Ramón sepa o no lo que tiene y lo grave del asunto".

Después de darle las gracias y despedirnos del Doctor, mi mamá y yo salimos de su oficina e, inmediatamente, fuimos al cuarto de mi papá donde nos esperaba la familia.

¡Seis meses de vida! ¡Seis meses!,– pensaba mientras nos dirigíamos al cuarto y me preguntaba: –¿Qué vamos a hacer?

Antes de entrar, respiré profundamente e hice una breve oración a Dios. Al abrir la puerta, mis hermanas y mi tía Nena, se levantaron rápidamente y con preocupación en sus caras nos preguntaron qué había dicho el Doctor, lo cual traté de explicar de la manera más calmada posible para no causarles más angustia y ansiedad de la que ya sentían. Sin embargo, al escuchar, simplemente se soltaron a llorar y se abrazaron. Yo, que me había aguantado el llanto desde el consultorio, abracé a mi mamá y las acompañé en ese llanto incontrolable ante la perspectiva que se nos presentaba.

Minutos después, puesto que yo sabía que estaban por llevar a mi papá al cuarto, me tranquilicé, me limpié las lágrimas y les dije que teníamos que tomar una decisión importante: ¿Le diremos a mi papá que tiene cáncer y el poco tiempo que le queda y lo someteremos a quimioterapia, o no?

Después que se tranquilizaron un poco, aunque fue muy difícil, cada una fue dando su opinión y, al final, concordamos de manera unánime guardar el secreto y por lo tanto no someterlo al tratamiento de quimioterapia. Por supuesto, tampoco le diríamos que le quedaba poco tiempo de vida, así como no compartir el diagnóstico con nadie fuera de esa habitación.

Puesto que el Doctor también nos dijo que la recuperación por la operación sería larga y requería de mucho descanso, decidimos que se fuera a nuestra casa en Cuernavaca y no a la de él en Toluca, ya que, con dos niños pequeños, para Claudia hubiera sido más difícil atenderlo.

Mi mamá siempre amorosa y con una filosofía de vida maravillosa, no se opuso a esa decisión. De hecho, disfrutó mucho poder cooperar en su cuidado y atención.

Tres días después de la operación, el 29 de agosto dieron de alta a mi papá y entonces lo llevamos a la casa.

La habitación donde se quedaría estaba en la planta alta, lo ayudamos a que, muy despacio y con mucho cuidado, subiera la escalera de espaldas para que así no hiciera tanto esfuerzo con su abdomen.

Ya arriba, lo llevamos a su cuarto y lo ayudamos a sentarse en el sillón reposet que le habíamos comprado para que estuviera cómodo y pudiera ver sus programas favoritos en la televisión.

Durante casi un mes, entre mi mamá, mis hermanas, (quienes, aunque estaban casadas iban a casa) y yo, nos turnamos en horarios para poder cuidarlo y atender nuestras diferentes responsabilidades..

UN MOVIMIENTO INESPERADO

La mañana del 19 de septiembre de 1985, a las 7:17 a.m., un terremoto de categoría 8.1 en la escala de Richter sacudió a la Ciudad de México.

El fuerte movimiento me despertó haciéndome saltar de la cama y salir corriendo de mi cuarto. Al abrir la puerta, vi a mi mamá y a mi hermana Selene abrazadas llorando y gritando pues el movimiento era constante y cada vez más fuerte. También vi a mi papá saliendo de su cuarto y, poniendo su mano en su vientre, se acercó a nosotros.

Yo les decía que confiáramos en Dios, y que nos pusiéramos debajo de los marcos de las puertas. Mi mamá y Selene se pusieron debajo de un marco, y mi papá y yo debajo de otro. Jamás había visto la expresión de miedo que vi en mi papá y, para calmarlo, lo abracé mientras le repetía que confiara en Dios, que íbamos a estar bien.

La verdad es que por alguna razón a mí los temblores nunca me dieron miedo y, en ocasiones, si suceden de noche hasta me he dado el tiempo de disfrutar los destellos de luz de colores que de manera inexplicable iluminan el cielo, tal y como lo hace una aurora boreal. Pero esta vez sí sentí miedo ya que ese temblor fue mucho más fuerte que nunca y parecía no terminar, lo que me hizo pensar por un momento que algo muy malo podría suceder; sin embargo, para ayudar a mi familia a controlarse, contuve lo más que pude dicho temor.

Para colmo, el agua de la cisterna que estaba en la planta baja debajo de la escalera, se agitaba tanto que el sonido hacía que pareciera que estábamos en el mar, nos causaba inquietud y un estado de irrealidad. Finalmente, después de dos eternos minutos, dejó de temblar, entonces nos abrazamos y le dimos gracias a Dios.

Con el susto a mi papá le dieron ganas de ir al baño y yo lo acompañé. Mi mamá, muy alterada todavía y con las manos temblorosas, encendió un cigarrillo y se sentó con Selene en su cama. Entonces se puso a llorar y a gritar diciendo:

– Mis hijas, ¡Dios mío! ¿Cómo estarán mis hijas?, ¿estarán bien? - Gracias a que vivían más o menos cerca, tan pronto como pudieron llegaron a la casa y fue hasta entonces que se calmó.

Puesto que debido al temblor por varias horas no tuvimos ni energía eléctrica ni teléfono, no nos enteramos de la magnitud de destrucción del sismo sino hasta casi 5 horas después, cuando regresó la luz y pudimos ver las noticias por televisión.

Fue impactante ver a Jacobo Zabludowzki, conductor del famoso noticiero mexicano "24 Horas", narrar desde su automóvil con una voz quebrantada la noticia de que además del Hotel Regis, el Multifamiliar Benito Juárez, el Hospital Juárez, y el Centro Médico Nacional del IMSS entre muchos otros,

su casa; Televicentro (Televisa Chapultepec), había sido totalmente destruida, diciendo que esperaba que sus compañeros
de trabajo en ese lugar, estuvieran bien.

Conforme seguíamos viendo las noticias, empezaron a mostrar
las escenas donde rescatistas sacaban de los escombros los cadá-
veres de decenas de personas que, desafortunadamente, no pudieron salir a tiempo de sus viviendas o lugares de trabajo.

Mi papá –como siempre que miraba la televisión- quedó
hipnotizado, pero esta vez fue como si mirara a través del
televisor, como si estuviera ahí mismo con los paramédicos es-
forzándose por salvar a cuantas personas pudieran.

En eso, mi mamá entró al cuarto y por fin se sentó con nosotros a ver las noticias. Tampoco podía asimilar lo que estaba
pasando, pero cuando vio la escena del Hotel Regis completamente destruido, me agarró la mano fuertemente y dijo:

– ¡Ahí estábamos ayer hijo! ¡Ahí estábamos! ¡Dios mío!"

En ese momento mi papá reaccionó, tragó saliva y su rostro
se desencajó. Era cierto, solo que yo no quise decírselo. El día
anterior, habíamos ido a ver unos asuntos con un abogado y,
efectivamente, su oficina estaba al lado del Hotel Regis. Para
colmo, también pasaron escenas del hospital - donde días antes había estado internado - parcialmente destruido.

Saber que pudimos haber muerto, nos impactó muchísimo,
pero en especial a él, pues con un suspiro dijo:

–Como es la vida, ¿no? Hoy estamos aquí y mañana no
sabemos ¡Bendito sea Dios que nos cuidó! – Y entonces, se
persignó.

Sobra decir que, miles de personas murieron y decenas de
miles fueron damnificadas, además, cientos de casas y edifi-
cios fueron destruidos.

Sinceramente, no sé si este temblor junto con la devastación y los miles de damnificados, y saber que él podría haber sido uno más en las listas de fallecidos, tuvo que ver o no con el hecho de que, pocos días después, de manera sorprendente, mi papá se fue recuperando y cada día se sentía mejor y aunque poco, comía bien. Por supuesto sentía dolores por la operación. Continuamos con lo pactado semanas antes en el hospital de no comentarle nada sobre lo grave de su situación. La realidad es que no murió a los 6 meses sino 3 años y medio después.

¿Qué sucedió durante ese tiempo?

Antes de responder, viajemos al pasado, al origen y raíces de la familia Gómez-Valdés Castillo.

EL ORIGEN

Ciudad de México

La historia registrada de la familia Gómez Valdés Castillo se remonta a más de 160 años, así que iniciaré este relato en los 1800´s.

Rafael Gómez-Valdés y Ángela Angelini Stock – abuelos de mi papá -, se casaron alrededor del año 1882.

Cuando Angelita quedó embarazada por primera vez, causó muchísimo gozo a la pareja. Sin embargo, a los pocos meses, le vino un mal parto o aborto espontáneo dejando una estela de gran tristeza y dolor para ella y la familia. Unos seis meses después de este triste acontecimiento, Ángela se embarazó otra vez.

Todo parecía ir "viento en popa", - es decir muy bien -, pero desgraciadamente y aunque esa vez sí cumplió el tiempo de gestación, pocos días después de nacer, el bebé enfermó y murió.

Durante varios años, esta triste situación se repitió, incluso Angelita tuvo embarazos de gemelos, pero sucedió lo mismo; semanas después de nacer morían a causa de enfermedades como la pulmonía, la gripe o alguna infección adquirida al momento de nacer. En ese entonces las medidas de higiene no eran las mejores y además la penicilina no había sido descubierta.

Por otra parte no sabemos si además, el hecho de que mi bisabuelo Rafael, quien era ya mayor, haya contribuido a la deficiencia física de esos bebés que murieron. De cualquier manera, la frustración de no poder ser madre marcó la vida de Angelita para toda su vida e inevitablemente con el tiempo, el dolor y la amargura afectaron su personalidad. No obstante, cuando parecía que todo estaba perdido y que ya no había esperanza, sucedió algo maravilloso.

Nueve años pasaron cuando, a finales del mes de marzo de 1891, mi bisabuela Angelita quedó embarazada nuevamente, en cada ocasión la pareja se llenaba de esperanza y alegría, pero a la vez la sombra de la angustia se instalaba en su corazón, que se adelantaba a la repetición de una historia que parecía interminable. Sin embargo, esta vez mi bisabuelo Rafael se encargó de contratar a dos mujeres para cuidarla y ayudarla, evitando así que hiciera cualquier esfuerzo innecesario. También, la hermana de Angelita, quien sabía de enfermería, decidió irse a vivir con ellos hasta que naciera su bebé.

Finalmente, el 20 de noviembre de 1891, aproximadamente a los 8 meses de gestación, nació un varoncito, que midió 39 centímetros y pesó 1,23 kg., blanco como la leche y de cabello dorado; un pequeño e inquieto remolino que no paraba de moverse.

El conocimiento médico y apoyo de la hermana de Angelita, fueron factores indispensables para que, en sus primeras semanas, el nuevo bebé recibiera la atención y cuidado necesarios y así evitar cualquier riesgo de infección, enfermedad, o muerte. De hecho, parece que al final, se quedó a vivir con ellos y se convirtió en su nana. Y aquellas dos señoras contratadas por mi bisabuelo, también contribuyeron para que mi bisabuela no tuviera nada de qué preocuparse, excepto por cuidar a su bebé.

Por otro lado, desde el momento en que nació, Angelita lo amamantó y casi no lo ponía sobre su cuna y muchas veces lo dormía en su pecho cuando ella se acostaba.

Sin pensarlo, a los 6 meses de nacido, decidieron bautizarlo y ponerle por nombre Rafael. Su nombre completo fue: Rafael Gómez-Valdés Angellini Stock.

Conforme fue creciendo, a Rafaelito –como lo llamaba Angelita-, lo instruyeron y educaron según las normas morales de la época, inculcando entre otras cosas, una costumbre arraigada en las familias de México en ese entonces: el respeto a la autoridad. Esto incluye hablarles de "Usted" a los padres, a los profesores y en general a los adultos. Por cierto, esta costumbre siguió siendo parte de la familia por varias generaciones.

Puesto que el temor de que llegara a enfermarse y morir era latente, al mismo tiempo lo consintieron y lo sobreprotegieron muchísimo. Cada semana le compraban un juguete o un tra-jecito nuevo dándole el mejor cuidado, y todo lo necesario en sentido físico, emocional y material, para que el niño creciera sano y feliz. Todo esto requería de dinero, pero para fortuna de la familia, no sería un problema, ya que, para entonces, mi bisabuelo Rafael, era Gerente de "El Palacio de Hierro" de la Ciudad de México, tienda departamental fundada en 1885, también conocida como "Fábricas de Francia" donde según la costumbre de ese tiempo, le pagaban con bolsitas de oro.

A los 6 años, como cualquier otro niño, Rafaelito acudió a la escuela primaria y comenzó a tener amiguitos. Sin embargo, como era muy inquieto y juguetón Angelita limitaba tanto el tiempo que él pasaba con ellos, como cualquier actividad física que tuviera, por el temor de que, -según ella-, esto afectara su salud o pusiera en riesgo su vida.

Desgraciadamente, mi bisabuela Angelita desarrolló un temor obsesivo de que algo malo podría pasarle al único hijo que habían logrado criar, lo que con el tiempo le causó muchos conflictos que lo afectaron en sus relaciones dentro y fuera de la familia.

Debido a las fuertes raíces italianas, así como las católicas de Angelita, la familia acudía sin falta a misa cada domingo y guardaban todas las tradiciones y fiestas relacionadas con La Iglesia como la cuaresma o la semana santa y se esforzaban por cumplir al pie de la letra los mandamientos y los sacramentos, a saber, el bautismo, la confirmación, la reconciliación y la comunión entre otros. Por todo esto, se aseguraron de que asistiera al catecismo, se preparara bien, para que a los 10 años, Rafael hiciera su primera comunión.

Con el tiempo, como todo adolescente, Rafaelito comenzó a fijarse en las chicas, tanto las de su escuela como las de su barrio. Además, aunque era muy bajito, sus ojos azules, su cabello rubio y su personalidad, atraían muchísimo a las chicas que lo conocían. Esto preocupaba a su mamá, pues el solo hecho de pensar en que algún día se enamorara, se casara y se fuera de su casa, le causaba mucha angustia. Por eso, cuando percibía algún interés de Rafaelito en una chica, se encargaba de ahuyentarla inventando cualquier cosa. Esto por supuesto sin que su hijo se enterara.

Poco se imaginaba Angelita lo que, de todos modos, tarde o temprano sucedería.

Aguascalientes, México

En 1894, en una comunidad rural de Aguascalientes, a casi 500 kilómetros de la Ciudad de México, nueve años después del nacimiento de mi abuelo Rafael, nació mi abuela Guadalupe, siendo la hija menor de mis bisabuelos Germán Castillo y Cipriana de Castillo, quienes la criaron con mucho cariño y cuyo nombre fue en honor a La Virgen reconocida como la madre de México. Las circunstancias de su educación, fueron muy limitadas en muchos aspectos. Por ejemplo, como la escuela quedaba lejos de su casa tenía que caminar varios kilómetros de terracería para llegar, y la pequeña, con dificultad terminó la primaria.

Sin embargo, Guadalupe creció fuerte físicamente pues, a muy temprana edad, trabajó en el campo junto con sus 3 hermanos mayores, su hermana Ángela y sus padres.

Todos los días, antes del amanecer la familia se levantaba para alimentar a los animales y luego sacarlos a pastar. A mediodía, ordeñaban a la vaca, e inmediatamente hervían la leche varias veces y cada vez, después de enfriarse, sacaban la nata y la guardaban en la nevera para hacer pan de nata o comerla con telera, acompañando su plato de avena o de frijoles bayos en el desayuno.

Los varones se encargaban de labrar, sembrar y cosechar la pequeña parcela que tenían en su terreno donde cultivaban maíz, frijol, calabaza y chayotes entre otras cosas. Y de la venta del producto obtenían sus ingresos. También criaban pollos y gallinas ponedoras de huevos para consumo personal y para venta.

El único día que descansaban era el domingo, el cual dedicaban a acudir a la Iglesia del pueblo, donde para orgullo de sus padres Lupita y Ángela formaban parte del coro.

Después de la misa de nueve de la mañana, -que por cierto era en latín y no entendían nada-, Don Germán regresaba a casa con sus tres hijos, y Ciprianita se quedaba una hora más para dar lecciones de Catecismo a los niños que querían hacer su Primera Comunión, entre ellos Lupita. Al terminar, Lupita y Ángela ensayaban con sus compañeritos las canciones de la misa de las once.

En 1906, a la edad de 12 años, Lupita hizo su primera comunión sin dejar pasar una gran fiesta a la que acudió el cura del pueblo y muchos amigos y vecinos. Poco antes de terminar la fiesta, mi bisabuelo Germán se levantó de la mesa y alzando la voz dijo:

– Tengo algo que anunciarles: Debido a la escasez de trabajo y que las tierras de este lugar ya no producen como antes, he decidido viajar junto con mi familia a la Ciudad de México para buscar una mejor oportunidad de trabajo.

Muchos se sorprendieron por la noticia, pero al final, empezaron a aplaudir y se acercaron a ellos para abrazarlos y desearles lo mejor. Ciprianita, Ángela y Guadalupe; aunque ya sabían del cambio, se pusieron a llorar pues sabían que quizás no verían a sus parientes y amigos por mucho tiempo.

Aunque les costó mucho trabajo, poco a poco lograron adaptarse a la vida acelerada de la Capital. Un conocido de mi bisabuelo los apoyó para que comenzaran un negocito de venta de comida, ya que él ya había probado los deliciosos platillos que Ciprianita preparaba y le había encantado.

EL ENCUENTRO

A mediados de agosto de 1908, mientras mi abuelo Rafael paseaba con un amigo por las calles del Zócalo de la ciudad de México, decidió entrar en una fonda para desayunar. Una vez sentados, se acercó a ellos una jovencita de unos 14 años vestida con un traje muy colorido y unos hermosos aretes de filigrana para ofrecerles el menú.

A Rafael le llamó mucho la atención su trato exquisitamente amable, pero sobre todo su blanca y perfecta sonrisa y sus dulces ojos color marrón.

Por supuesto también   le gustó el desayuno: Huevos estrellados acompañados de unos chayotes gratinados con queso manchego y frijoles bayos, -la especialidad de la casa- acompañados con tortillas de maíz hechas a mano, y al final un plato de avena con canela con una concha de vainilla y una telera, sin olvidar la nata, todo preparado por la mamá de la joven, quien, desde la cocina, los observaba.

Al final, Rafael le dio las gracias a la joven, le dio una propina y le preguntó:

–¿Cómo te llamas?", - "Guadalupe Señor, Guadalupe Castillo para servirle a usted y a Dios"- Y señalando hacia la cocina dijo: -" ¡Mi mamá es aquella! Se llama Cipriana, y la joven es mi hermana Ángela. Ellas preparan la comida aquí.

–"¿Ángela?". – exclamó mi abuelo –

–"¡Así se llama mi mamá!, ¡no lo puedo creer!"– dijo volteando a ver a su amigo.

Inmediatamente se levantó de la mesa y se dirigió a la cocina donde de manera muy amable y respetuosa se presentó con ellas y las felicitó por la comida y por supuesto les mencionó el detalle del nombre de su mamá y el de la joven cocinera.

A partir de ese día, casi cada semana, mi abuelo fue a desayunar a esa fonda.

Ver a Lupita todas las semanas resultó en una amistad que al final, se convirtió en un noviazgo que mi abuelo tuvo que ocultar por algún tiempo de sus padres.

UNA BODA, UN CONFLICTO

Después de un noviazgo de casi dos años y a pesar de la oposición de Angelita a que su único hijo eligiera a una joven sin "distinción social", contrajeron matrimonio.

La boda se llevó a cabo en una de las Iglesias más importantes de la Capital y, al terminar la ceremonia, los asistentes, -familiares y amigos- acudieron a la casa de la familia Gómez-Valdés Angelini para celebrar la ocasión.

Mi abuelita contaba que para esta foto de su boda después de la ceremonia, no encontró su zapato izquierdo

Como era la costumbre en ese tiempo, la nueva pareja vivió en casa de los padres de mi abuelo ubicada en avenida Tlacopa de la Ciudad de México.

Para mi abuelo, esto no fue un problema ya que también estaba muy apegado a sus padres. Sin embargo, para mi abuelita Guadalupe, fue, -como ella decía- "un calvario", pues su manera de hacer las labores del hogar y de cocinar, aunque muy buenas, eran muy diferentes a las que su suegra estaba acostumbrada y, aunque Angelita se esforzó por "educarla", su dureza e impaciencia hacía muy difícil dicho aprendizaje.

Hay que recordar, que mi bisabuela Angelita, por su origen y crianza, le llevaba mucha ventaja en cuanto a educación a mi abuela Guadalupe. Para empezar, había sido criada en Brownsville Texas, EE.UU. hablaba 3 idiomas a la perfección: español, italiano e inglés. Aunado a esto, el prejuicio la dominaba en ocasiones, comparando el color de piel blanca y ojos azules de su hijo, con el de Lupita, de piel morena y ojos "negros".

Aunque mi abuelo Rafael no se daba cuenta de muchas cosas, cuando él llegaba a casa, mi abuelita le contaba lo que pasaba y cómo se sentía. Sin embargo, de manera cariñosa, simplemente le pedía que no se desanimara y que se esforzara por aprender todo lo que su mamá le enseñara, después de todo, aunque su manera de ser no era la mejor, eso le ayudaría cuando se fueran a su propia casa a vivir solos tan pronto como fuera posible, lo cual no sucedió.

Mi abuela, humildemente aceptó la sugerencia de su esposo y por los siguientes dos años se enfocó, no en la manera de ser de Angelita, sino en lo que ella le enseñaba. Es más, aprendió tan bien, que pronto Angelita le delegó toda esa responsabilidad.

La realidad es que, sin que mi abuelita se diera cuenta, Angelita de manera muy sutil, la entrenó con ese propósito. Al final, la que cocinaba, servía la comida y cuidaba de la casa fue ella, lo cual no hubiera estado mal si -como contaban los que lo vieron- su suegra no la hubiera tratado como si fuera la servidumbre.

Para su suegro y para su esposo, esta situación, hasta cierto grado alevosa, era de lo más normal, pues según la costumbre de esa época, las mujeres tenían que aprender a atender a los hombres, la casa y sobre todo cuidar de sus hijos.

LA FAMILIA CRECE

Por alguna razón, mi abuelita no se embarazó muy pronto y en cierto grado fue una ventaja, ya que con todo lo que Angelita le asignaba y le exigía no le quedaba ni tiempo ni muchas energías al final de cada día.

Sin embargo, para felicidad de todos en 1913 nació su primer hijo y -para no perder la tradición- lo llamaron Rafael Ángel.

Sin duda la más feliz fue mi abuela, pues este periodo de crianza de por lo menos 6 meses, le permitió librarse por un tiempo del "entrenamiento" de su suegra Angelita.

Desgraciadamente, según dicen, poco tiempo después del nacimiento de mi tío Rafael Ángel, murió mi bisabuelo.

Dos años después, el 19 de septiembre de 1915 nació mi tío Germán. Después en 1917 nació la primera mujer a quien llamaron Guadalupe y Pedro en 1918.

De izquierda a derecha: Rafael, Germán, Guadalupe y Pedro

Tres años después, en 1921 nació la segunda mujercita: Amanda, quien inexplicablemente, a los días de nacida murió. Después en diciembre de 1922, nació Armando, nombrado así en memoria de Amanda.

El séptimo en nacer fue **Ramón Antonio Esteban Gómez Valdés Castillo**, el 2 de septiembre de 1924 en la ciudad de México, en la casa ubicada en la calle de Doctor Navarro número 210 en la colonia Doctores, durante el gobierno del presidente Plutarco Elías Calles.

Según me contaba mi abuela, a diferencia de los primeros hijos, mi papá resultó ser un bebé muy llorón y nunca se le quitó, vivió siendo un hombre muy sensible. Comentaba mi abuelita que había noches en las que si no lo amamantaba simplemente no paraba de llorar. Por eso, con 5 hijos que criar, entre los 2 y 11 años, más el recién nacido: el pequeño Ramón, no le quedó otra más que compartir el trabajo de crianza de sus hijos con su suegra, quien aceptó gustosa, pues para cuando nació mi papá había llegado a ser mucho más amable y cariñosa con mi abuela, -quizás porque con tantos nietos, ella sin querer había sustituido a los hijos que años antes había perdido-. A partir de entonces Angelita se convirtió en una segunda mamá y, hasta el día que murió, sus nietos la llamaron "Mamá abuela".

En 1925, cuando mi papá apenas tenía un año de nacido, debido al trabajo de mi abuelo Rafael, la familia se mudó temporalmente de Ciudad de México al Puerto de Veracruz y en esos tiempos nació mi tío Cristóbal, y un año después mi tío Antonio.

CIUDAD JUÁREZ
Y SU PODEROSA INFLUENCIA

En 1927, la familia Gómez Valdés Castillo, es decir; mi abuelo Rafael, mi abuela Guadalupe, sus 8 hijos y mi bisabuela Angelita, se mudaron a Ciudad Juárez Chihuahua, en la frontera de México con El Paso Texas, U.S.A. Un amigo muy allegado a mi abuelo, -directivo de Inspecciones de Aduanas-, lo había invitado a trabajar en esa frontera como Inspector o Vista de Aduanas. Se establecieron en una casa sencilla en la calle del Arco, en el llamado "Barrio de los Tíriles" y ahí siguieron recibiendo nuevos miembros en la familia: mi tío Manuel, quien llegó a ser conocido como El loco Valdés, nació en Ciudad Juárez en 1931.

Aunque este fue un cambio radical para todos, mi abuelo no quiso dejar ir esta oportunidad, ya que este trabajo le generaría mejores ingresos para solventar los gastos de su numerosa familia.

Lo primero que mi abuelita hizo al llegar a Juárez, fue inscribir a los niños en la escuela. La más cercana a su casa, era la recién inaugurada Primaria Urbana Fronteriza Emilio Carranza. También ubicó las dos cosas más importantes en su vida: La parroquia más cercana - ya que por sus fuertes raíces católicas faltar a misa era impensable -, y el mercado Cuauhtémoc, donde haría las compras cada semana.

Por su carácter alegre, mi abuela se hizo de amigas tanto en la iglesia como en el mercado, donde siempre lograba que le dieran lo mejor de los productos al mejor precio además de recibir un obligado "pilón" de cortesía. Puesto que la compra era bastante grande, siempre le pedía a un jovencito que le ayudara con las bolsas y la canasta con su "diablito".

Una vez terminada dicha compra, caminaban juntos hasta la casa, donde después de colocar todo en la cocina, le daba su propina y este se retiraba al mercado para seguir trabajando.

Por su parte, mi abuelo se adaptó rápidamente al ritmo acelerado de trabajo y ambiente internacional y modernista de la frontera, muy diferente de lo que había sido en Veracruz y Ciudad de México. Por ejemplo, en 1926, un año antes de su mudanza, se habían inaugurado los puentes de concreto de la Avenida Juárez y Lerdo que conectarían a los Estados Unidos con México; esto fue un cambio radical para los residentes de Ciudad Juárez, ya que anteriormente el puente "Santa Fe" construido en 1882 -por iniciativa de Zach White- con palos y madera para uso exclusivo del ferrocarril, era la única conexión de comunicación directa con el país vecino. Y por otro lado, a finales de 1927, unos meses después de que la familia Gómez Valdés Castillo llegara a Ciudad Juárez, el Capitán-Aviador Mexicano Emilio Carranza, había logrado la hazaña de volar por primera vez de Ciudad de México a Ciudad Juárez sin escalas, hecho que coincidió con la visita del aviador Estadounidense Charles Lindbergh a El Paso Texas donde ambos pilotos se reunieron para entrevistarse. Charles Lindbergh en ese mismo año había cruzado el Atlántico desde Nueva York hasta París, y después desde Chicago hasta México.

Para ese entonces, en Estados Unidos todavía estaba vigente la Décimo octava enmienda la cual, desde 1920, prohibía la fabricación, transportación y venta de bebidas alcohólicas. Debido a esto, Ciudad Juárez se había convertido en uno de los lugares fronterizos preferidos de los americanos, ya que, solo cruzando el puente podían visitar cualquiera de los muchos bares y cantinas -que cada vez aumentaban- donde podían beber sin restricción alguna y hasta jugar su dinero en las máquinas tragamonedas. Tan solo el Big Kids Café – conocido como el Palacio del Jazz- tenía capacidad para 1000 personas sentadas.

Las Compañías Cerveceras de Ciudad Juárez habían tenido su mayor auge desde el año 1921, tiempo en que también las principales solicitudes que atendía el Municipio, tenían que ver con la concesión y permisos para cantinas, casinos y expendios para la venta de alcohol y para empresas productoras de vino y Whiskeys como el Juárez Whiskey Straight American y el Juárez Whiskey Straight American Bourbon.

Con el tiempo, mi abuelo también comenzó a frecuentar estos lugares junto con sus amigos. Llegar tarde a su casa los fines de semana se convirtió en una costumbre. Más de una vez, sus hijos mayores, Rafael y Germán, tuvieron que ir a buscarlo de bar en bar. En ocasiones, después de por fin convencerlo de salir de ahí, Rafael de un lado y Germán del otro, se las ingeniaban para poder ayudar a su papá a caminar hasta la casa. Sin saberlo, esa mala costumbre de beber alcohol, con el tiempo afectaría su salud gravemente..

Como adolescentes, los Valdés fueron haciéndose de amigos y amigas con los que, en ocasiones, si mi abuela les daba permiso, iban al parque Juárez o a alguno de los 3 cines que había más o menos cerca de su colonia: El cine Alcázar, el Plaza o el Victoria

Una de esas veces, mis tíos decidieron llevar a mi papá de escasos 10 años de edad, a ver una película americana que se acababa de estrenar: "The tenderfoot", con el actor cómico Joe E. Brown.

Aunque entendieron muy poco por el idioma, la película les encantó, y no paraban de reír, y más cuando a la mitad de la película, mi tío Rafael, se acercó a sus hermanos y señalando a la pantalla les dijo en voz baja:

– "¡Se parece a Ramón!".

Después de una pausa, y al confirmar la ocurrencia y efectivamente constatar el parecido de mi papá con el actor, comenzaron a reír sin parar, al grado que tuvieron que salir del cine, pues la gente empezaba a molestarse. Cabe mencionar que, desde entonces, sus hermanos apodaron a mi papá: **el "JO-E"** se pronuncia: **YO-E**

Joe E Brown[1]

Al ser criados en Ciudad Juárez, cerca de El Paso Texas, mis tíos y mi papá adoptaron, entre otras cosas, el vocabulario, o "caló" de esa frontera.

Algunas de las palabras más usadas por ellos eran:

Ponte "TRUCHA" (¡*Ten Cuidado!*)
No hay "FERIA" (*No hay dinero*)
Hay "JALE" (*Hay trabajo*)
"PIÑA" (*Mentira*)
"BATO" (*Gúey-Chavo*)
"PISTEAR" (*tomar alcohol*)

---

1. Joseph Evans Brown, más conocido como Joe E. Brown, fue un actor y cómico estadounidense conocido por su personalidad amistosa y uno de los comediantes más famosos de los años 1930 y 1940.

"BRODY" o "BRODYTA" del Inglés BROTHER *(Hermano-Carnal)*
"AGUITADO" *(triste)*
"CHIVEARSE" *(Molestarse)*
"MALORA" o "BANDIDO" *(Alguien malo)*
"CHANTE" o "CANTÓN" *(Casa)*
"BIRRIA" *(Cerveza)*
"MUEBLE" *(Automóvil)*
"TROCA" *(Camioneta)*

También rápidamente los mayores -como Rafael y Germán, adoptaron algunas de las costumbres de esa ciudad fronteriza, incluyendo la moda pantalones muy holgados pero ajustados tanto en la cintura como en los tobillos, escuchar y bailar "swing" y, por supuesto, aprendieron a "masticar" el inglés, o sea, hablarlo según se escuchaba en las calles.

Pero algo muy particular fue cómo adoptaron, el acento norteño, en especial mi papá que claramente se percibe desde sus primeras actuaciones en el cine, hasta sus últimas apariciones en televisión.

Adicionalmente, como la abuela Angelita, era de origen italiano, influyó fuertemente en ellos al educarlos. Por ejemplo: los varones, padres, hijos, tíos y sobrinos y hasta los hermanos, se saludaban, – y lo seguimos haciendo – con un beso en la mejilla, tal y como lo hacen los italianos. También, como Angelita siempre hablaba en voz alta, y en ocasiones, cuando discutía con su nuera Lupe o cuando regañaba a los *pequeños bandidos*", todos los Valdés, aprendieron a hablar del mismo modo, al grado que cualquiera que los oyera, pensaría que estaban discutiendo y enojados, pero eso, ¡solo era parte de esa influencia italiana!

Angelita, quien había sido criada en Brownsville Texas U.S.A, fue también una excelente cocinera, combinando sabores italianos, mexicanos y americanos. De hecho, el desayuno favorito de los Gómez-Valdés eran Hot cakes ¡con dos huevos estrellados encima y tocino! La mezcla dulce/salado era su especialidad. Algunos de los nietos, y sobre todo, mi tía Nena, heredaron una sazón y gusto por cocinar.

Mi tía "Nena" o "Neny", -como la llamaban sus hermanos-, por ser la única mujer, fue quien principalmente se encargaba de ayudar a su mamá, quien la capacitó en todo lo relacionado con el cuidado de la casa, lo que incluía barrer, trapear, sacudir, limpiar, hacer la comida, lavar a mano y planchar la ropa de sus ocho hermanos.

Aunque mi tía a veces le pedía a su mamá que le ayudaran sus hermanos, recibía una respuesta contundente – "Eso no es cosa de hombres". Esto realmente no fue un problema para ella, pues amaba tanto a sus hermanos, que finalmente, siempre fue un placer atenderlos.

Mi tía tuvo muchas restricciones por parte de sus papás, tener novio era impensable, aunque sus hermanos, como jóvenes, ya tenían las suyas, pero gracias a la complicidad que siempre hubo entre ellos, cuando mi tía ya tenía novio - a escondidas de sus papás -, para que pudiera salir a verlo, les pedía a sus hermanos mayores, - Rafael y Germán - que distrajeran a su mamá, y entonces escaparse, aunque fuera por un rato. Para lograr esto, lo único que tenían que hacer era quitarle su bicicleta a mi papá, quien inmediatamente se ponía a llorar inconsolablemente, lo que hacía que mi abuelita Guadalupe se pasara por lo menos media hora consolándolo hasta que se callara, y si mi tía quería salir nuevamente simplemente les decía -"Ya voy a salir otra vez!"- entonces, los hermanos, inmediatamente, iban a cumplir su misión: distraer a mi abuela hasta que ella regresaba…

Otro aspecto interesante y divertido de la familia, era el de tener y poner apodos a quien llegara a ser su amigo.

Para empezar:

A mi abuelo Rafael, quien media solo 1.63 mts. le decían: "El chapo" (chaparro)

A mi abuelita Guadalupe: "Lupe la charra", - por su origen indígena de Aguascalientes y su gusto por vestir trajes típicos. -

Mi tío Rafael, el mayor: "El zurdo" o "zureque", - por obvias razones.

A mi tío Germán: "Ger" o "Man"

A mi tía Guadalupe: "La nena" o la "Shory" (de la palabra en inglés Shorty para chaparrita).

A mi tío Pedro: "Pete" (sonaba "Pit", como en inglés)

A mi papá: "Moncho", "Monchito", "Joe" o "Peterete"

A mi tío Armando: "Zapetudo" –por morenito- haciendo alusión a la fruta del Zapote, fruta de color marrón oscuro

A mi tío Cristóbal: "Ruco "

A mi tío Antonio: "Ratón"

Y a mi tío Manuel: "Vedel" o " Boroloro"

Entre los más entrañables camaradas de los Valdés estaban:

"El sapo", "El cheves", "El viejo pipa", "La cuicuiris", "La fufurufa", "La chocha", "El chocolate", "El Tawa" "El Sabio"

Y la lista no termina.

LAS BODAS

Conforme fueron creciendo y madurando, empezaron a tener relaciones más formales con las que entonces eran sus novias.

Mi tío Germán, a los 18 años, se casó con su primera esposa Magdalena Martínez en 1937, procreando a su primer hijo Germán Francisco, "Panchito" quien nació en octubre de 1938.

Un año después, el 16 de abril de 1939 se casó mi tío Rafael Ángel, el mayor de los hermanos, con Ana María Herrera, originaria de El Paso Texas, y en marzo de 1940 nació su primera hija, Ana.

El 25 de junio de 1947, se casó Armando con Ofelia Torres a quien le decían la Güera.

No obstante, como los Valdés siempre fueron muy unidos, aunque con los años cada quien formó su familia y se ocuparon de criar a sus propios hijos, mientras mis abuelos Guadalupe y Rafael vivieron, siempre se mantuvieron juntos, nunca perdieron la costumbre de reunirse para celebrar fechas importantes: Como el día de las Madres, el día de la Independencia de México el 15 de septiembre, Año Nuevo o Navidad.

Para el cumpleaños de mi abue Guadalupe, se juntaban en su casa de Acacias en Ciudad de México aproximadamente 70 invitados, entre hijos, nietos, nueras, -las actuales y las ex- y bisnietos además de muchos amigos y algunos colados que nunca faltaban. Por cierto, para esa fecha mi abuela vestía con un hermoso traje de lentejuelas de China Poblana. Más que un cumpleaños, era una excusa para celebrar y pasarla bien.

Año nuevo 1956 en "El Satélite de Tin Tan"
El Satélite de Tin Tan fue un centro nocturno cuyo dueño fue mi tío Germán.

Para el año de su apertura 1956, la carrera espacial que existía entre Estados Unidos y La Unión Soviética por lanzar un satélite a la órbita de la tierra estaba en pleno apogeo, lo que lo inspiró a ponerle ese nombre.

Por supuesto, en esas ocasiones, no faltaba una cena deliciosa, bebidas, postres y todo lo que entre mi tía Nena y mi abuela Lupita preparaban ¡para todos los invitados!

Pero lo mejor empezaba, después de la cena, cuando mi abuelita, -de quien los Valdés sacaron la bis cómica- comenzaba a hacer sus clásicas imitaciones, de cómo caminaba mi mamá, -"como guajolote espinado", decía- imitando al supuesto guajolote pisando espinas o como actuaba mi tía Rosalía la esposa de Germán, como pavorreal, sacando el pecho-, o como llegaba a la casa, alterada del trabajo su hija la Nena, causando la risa interminable de quienes la observaban.

Fue en ese ambiente cálido, amoroso y extraordinariamente divertido, en el que se crio y creció mi papá.

A finales de 1943, mi abuelo Rafael de 52 años, empezó a considerar la posibilidad de mudarse nuevamente de Ciudad Juárez al Puerto de Veracruz, ya que los inviernos del Norte cada vez más fríos, empezaban a causarle malestar en los huesos por lo que, a principios de 1944, pidió su cambio a dicho puerto.

Con excepción de mi tío Pedro quien para entonces trabajaba como locutor en una estación de radio en El Paso Texas, toda la familia incluyendo nuevamente a la "Mamá Abuela" Angelita viajaron a Veracruz.

El tiempo que pasaron en el Puerto - aunque fue breve-, lo disfrutaron muchísimo, pues les encantaba ir juntos a los parques y a la playa casi cada fin de semana.

Con 20 años, mi papá comenzó a salir con amigos del barrio donde vivían, se juntaban para ver algún partido de fútbol e ir a tomar cerveza a la playa.

Una de esas veces, a mi papá se le pasaron las copas y así fue como se animó a hacer algo que no cualquiera hubiera hecho en ese entonces: ¡Tatuarse!

¡Si, El legendario e icónico tatuaje del velero que tenía en el brazo derecho se lo hizo en Veracruz en esas circunstancias! Mi papá, al igual que sus hermanos, amaba el mar, y fue por eso que escogió un velero en tinta negra con una puesta de sol con colores tenues rojo y naranja, los cuales con el tiempo se difuminaron.

Mis abuelos cuando lo vieron ¡no lo podían creer! Y mi bisabuela casi se infarta, pues para esa época solo los marineros y marginados se tatuaban.

Debido a esto, se cubría el brazo cuando salía a la calle o iba a trabajar; sin embargo, después de un tiempo, ya no le importó y dejó de esconderlo.

Aunque el clima más templado de Veracruz le ayudó a mi abuelo, sus molestias lo siguieron afectando. Al final la familia Gómez Valdés Castillo acabó viviendo nuevamente en la Ciudad de México, apoyada económicamente por mi tío Germán, quien para entonces comenzaba su carrera en el cine. Mi tío se encargó de que mi abuelo acudiera a varios médicos para detectar la causa de sus achaques, dolores y molestias estomacales, óseas y corporales. Sin embargo, no fue sino hasta que un especialista, dio con el origen de las molestias que pudieron atacar el problema.

Después de hacer varios estudios se pudo obtener un diagnóstico poco alentador: Una fuerte anemia que muy posiblemente podría convertirse en leucemia. A partir de entonces comenzó diferentes tratamientos médicos, que le ayudaron por lo menos a disminuir algunos de sus síntomas. Desafortunadamente, eso no cambió la afición cada vez más frecuente de mi abuelo por la bebida.

COMIENZA A NAVEGAR
EN SU PROPIO VELERO

Mi papá se casó en México por primera vez, a los 22 años, con Hermelinda Andrade, en el año 1946, con quien procreó dos hijos: Rafael Máximo Gómez Valdés Andrade –nacido el 29 de mayo de 1947-, y Ramón Gómez Valdés Andrade –nacido el 22 de diciembre de 1948.

La situación económica de mi papá para ese entonces y durante los primeros años de casado era muy limitada y, aunque tenía dos empleos, -uno como chofer/repartidor de refrescos "Chaparritas El Naranjo" y otro esporádico como vendedor de mole-, no era suficiente para la manutención de su nueva familia, por lo que Hermelinda tuvo que tomar la decisión de que, con el tiempo, sus hijos, todavía menores de edad, vivieran por temporadas con su abuela Lupita quien amaba recibirlos y cuidarlos. Al final, mi hermano Ramón el *"Joe"* se quedó a vivir con los abuelos hasta los 16 años.

Conforme pasaba el tiempo, aunque mi papá luchó por su matrimonio, la incompatibilidad de caracteres, y el que Hermelinda por necesidad comenzara a trabajar para apoyar la economía de la casa, fueron deteriorando su relación.

Mi papá con Hermelinda y su hijo Ramón.
"El Joe" 1952

Por otro lado, fue precisamente en ese tiempo y bajo esas circunstancias cuando mi tío Germán por primera vez invitó a mi papá a trabajar como actor en una de sus películas: "Calabacitas tiernas" en 1949 en el papel de "Willy"

A partir de entonces, para apoyarlo, mi tío Germán se aseguró de incluirlo en el reparto de sus películas, aunque fuera en papeles pequeños o de extra. Esto creó un vínculo todavía más fuerte entre ellos como hermanos. Sin embargo, aunque esto mejoró su economía, no ayudó mucho a fortalecer su relación con Hermelinda, ya que, al pasar más tiempo en los estudios de cine – fuera por trabajo o no -, hizo que ella se sintiera desplazada, pues desde entonces mi papá no paró de hacer películas junto a mi tío, en las cuales participaban las mujeres más hermosas de la época. Tan solo en los siguientes tres años, de 1949/1952 mi papá participó en diez películas:

. *Calabacitas tiernas (1949) - Willy*

. *Soy charro de levita (1949)* – Don Primitivo

. *Novia a la medida (1949)*

. El Rey del Barrio, 1949 como "El Norteño

· *La marca del Zorrillo (1950)*

· *Simbad el mareado (1950)*

· *El Revoltoso (1951)* – Detective

· ¡Ay amor, cómo me has puesto! (1951)

· ¡Mátenme porque me muero! (1951)

· *Las locuras de Tin Tán (1952)*

Finalmente, después de diez años de matrimonio con Hermelinda, se divorciaron.

Araceli Julián (23 años)

UNA SIRENA QUE CANTA SWING

Araceli Julián Tato, de padre español y madre guatemalteca, había formado junto con sus hermanas Elena y Rosalía el conocido Trío "las Hermanas Julián", estas tres talentosas hermanas habían comenzado su carrera desde niñas a principios de los años 40´s, a los 11,12 y 13 años de edad, después de participar en un concurso de Radio: "La hora del calcetín eterno" en la XEW, siendo, su tío Alfredo Tato de la Fuente, hermano de su mamá, quien les había enseñado canciones de Swing famosas en Estados Unidos como las que cantaban las Andrews Sisters; a las cuales les ponía letra en español, además de boleros, guarachas, y rancheras.

Aunque no ganaron el concurso, recibieron un reconocimiento, y gracias a ello posteriormente, un productor habló con su mamá, para que participaran, junto con la orquesta de Gonzalo Curiel, en proyectos para un programa de radio.

Con el tiempo, "Las Julián", al ir creciendo, se convirtieron en mujeres muy hermosas, y fueron participando en diferentes presentaciones en estaciones de radio, teatros de revista, etc., alcanzando tal fama, que las llevó a Estados Unidos y a La Habana Cuba, grabando discos, participando en diferentes películas al lado de Pedro Infante, Jorge Negrete, y más tarde con el mismo Tin Tan, entre otros. Fue precisamente en este contexto; en los sets de cine y en el teatro, donde Ramón y Araceli se conocieron.

La realidad es que desde que mi papá vio a esa bella y talentosa mujer a mediados de 1950 sintió una atracción muy fuerte por ella, y más cuando la escuchó cantar en un teatro con sus hermanas. No obstante, se esforzó por mantenerse al margen por respeto a sus hijos y esposa. Sin embargo, como para ese entonces mi tío Germán si había comenzado un noviazgo con Rosalía -hermana Araceli-, para poder estar cerca de ella el mayor tiempo posible, se encargó de que ¨Las Julián¨ aparecieran en algunas de sus películas. Puesto que mi papá también era parte de su equipo de actores, fue fácil que, de manera sutil, la atracción que sentía por Araceli siguiera creciendo, aunque siempre manteniendo dicho sentimiento para sí. Por otra parte, Araceli al tratarlo y conocerlo más, también comenzó a sentirse atraída a él, más que por su físico, por su personalidad y, sobre todo, por su sentido del humor. Comenzaron a hacer pequeñas giras artísticas juntos a diferentes estados del país, mi tío Germán contrataba a mi papá para manejar uno de sus vehículos y llevar a Las Julián y en ocasiones hasta a la mamá de las jóvenes al lugar donde actuarían.

Por supuesto Rosalía se iba en otro coche con su novio Germán, acompañados del chaperón asignado: Julio, el cuñado incómodo.

Por lo general, cuando hacían esos viajes, durante todo el trayecto en carretera, desde que salían hasta que llegaban, se la pasaban muertos de risa. Y es que, cuando uno de los Valdés decía un chiste o hacía una broma, todavía no dejaban de reírse, cuando una de las Julián ya estaba contando otro o le aumentaba algo al chiste anterior lo que hacía que casi no tuvieran tiempo ni de respirar. Mi papá tenía que concentrarse muy bien al conducir pues además de la escandalosa y divertida situación, le encantaba ir viendo por el espejo retrovisor como la simpática y bella Araceli pasaba de la risa a la hilaridad. Lo único que los forzaba a hacer una pausa era cuando de tanta risa, tenían que parar en una gasolinera para ir al baño y comer algo.

Muy al principio de su amistad, mi papá no le mencionó que estaba casado y que era padre de dos hijos, pero no por ocultarlo, sino porque simplemente no se había dado el momento para hacerlo. Sin embargo, al darse cuenta de que la atracción entre ellos iba creciendo, decidió hablar con sinceridad sobre su situación. Esto fue muy duro para ella pues, para entonces, su corazón ya estaba inclinándose a algo más.

Después de una larga conversación, Araceli le dejó muy claro que, aunque seguirían frecuentándose debido al trabajo y que le tenía un cariño especial, lo mejor sería que, para bien de los dos, mantuvieran el mínimo contacto, lo cual mi papá aceptó de buena gana y así lo hicieron por los siguientes años, en los que, ella tuvo varios novios como Fernando Casanova y Luis Aguilar. Tiempo después, de que mi papá se divorciara, comenzaron un noviazgo formal y aproximadamente un año después de su divorcio con Hermelinda Andrade, el 12 de abril del año de 1957 se casó *con mi mamá*, Araceli Julián.

En 1956, mi tío Germán, había contraído matrimonio con la que llegó a ser su tercera esposa, Rosalía Julián.

Sí, al final se casaron dos hermanas Julián (Rosalía y Araceli) con dos hermanos Valdés (Germán y Ramón).

¡No es difícil imaginar lo que con el tiempo, la unión de estas dos familias tan talentosas lograría!

Por un lado, los Valdés; quienes además de ser cómicos natos extraordinarios, y tener una personalidad inigualable, ¡también bailaban y cantaban muy bien! Y Las Julián, quienes, además de ser extraordinariamente hermosas, tenían voces que armonizaban a la perfección acompañándose de sus guitarras, y el baile también se les daba muy bien.

Boda de Araceli Julián y Ramón Valdés (1957)

De hecho, con el tiempo, unieron dicho talento en es-pectáculos teatrales y musicales en los que participaban am-bas dinastías: LOS VALDÉS Y LAS JULIÁN.

TEATRO FOLLIES
De izquierda a derecha: Araceli, Antonio "El Ratón", Rosalía, Germán,
Elena y Manuel "El loco"

Uno de los mejores ejemplos de esta maravillosa combinación de talentos, quedo plasmado claramente en la escena en la cocina de la película "La marca del Zorrillo" (1950), al lado de Germán Valdés "Tin Tan" y Silvia Pinal, donde interpretaron, bailaron y musicalizaron la magnífica canción "La paloma"[1]

Sin embargo, a diferencia de la situación de su hermano Germán quien, para entonces, por su éxito en el cine ya gozaba de fama y riqueza, mi papá no gozaba para entonces de dichos privilegios.

---

1. Tin Tán La Marca del Zorrillo performance https://youtu.be/rt8Qeckf5W4

De hecho, a partir de su luna de miel y por algunos meses, vivieron en una granja donde mi papá criaba pollos y cuidaban de las vacas de quien les rentó su primera casita.

Para mi mamá vivir en esas condiciones, después de haber disfrutado de fama, comodidades y lujos, no importó, pues su amor por mi papá era extraordinario.

Curiosamente, antes de tener su primera hija, los hijos del primer matrimonio con Hermelinda Andrade-, Rafa, de 10 años y Ramón 9, vivieron con ellos por temporadas cortas, lo cual lejos de ser un problema para mi mamá, fue motivo de alegría pues llegó a amarlos mucho y ellos a ella también.

Así fue como Araceli Julián se enamoró más de su "Flaco" -como llamaba a mi papá- al verlo trabajar tan arduamente: Ordeñando vacas, ayudándolas a parir sus becerros, montando a la "Teófila", - la mula que servía para llevar los sacos de alimento de un lugar a otro - y criando pollos, a los que como parte de su trabajo, después de 8 o 9 semanas tenía que sacrificar para venderlos a los comerciantes de los pueblos vecinos.

Mi papá había aprendido dos métodos para matar los pollos: El primero era colgándolos de las patas durante unos minutos, y después, con cuidado tomaba la cabecita y buscaba la yugular. Al encontrarla, se la cortaba con un cuchillo bien afilado. Después de varios minutos, el pollo se desangraba.

La otra, más rudimentaria, era tomando con muchas fuerzas las patas de la gallina con una mano y con la otra, la cabeza. Entonces, de un solo movimiento rápido jalaba el pescuezo hasta que éste tronara, lo que causaba la muerte inmediata del pollo.

En una ocasión, el patrón de mi papá le avisó que había un pedido de última hora de 10 pollos, para un pequeño evento de un amigo que vivía cerca. Mi papá decidió el método del "pescuezo" para ganar tiempo. Escogió los más bonitos y gordos para darlos a mejor precio, y uno por uno los fue sacrificando, asegurándose de escuchar que tronara el pescuezo. Inmediatamente los metió en una caja en la cajuela de atrás del "Chicle masticado", -como mi papá llamaba a su coche-, y se fue rápidamente a entregarlos.

Al llegar, estacionó, se bajó, y abrió la cajuela. Cuál sería su sorpresa, cuando vio a uno de los pollos con los ojos saltados, su lengua de fuera y el pescuezo medio doblado, mirándolo fijamente, brincando y caminando encima de los otros pollos, tratando de salir de la cajuela. No le quedó de otra que agarrarlo y darle nuevamente el tirón en el pescuezo para "matarlo bien".

Cuando regresó a la granja, les platico a mi mamá y a Don Artemio lo que había pasado. Al escuchar la historia no podían dejar de reírse, sobre todo cuando mi papá imitaba la cara del pollo y como lo miraba con los ojos saltados y la lengua de fuera. Por supuesto, desde esa vez, decidió evitar por completo, el método del "pescuezo"

Con el tiempo, mi mamá quedó embarazada por primera vez de gemelos: José y María, quienes desgraciadamente murieron días después de nacer. Tanto mi papá como mi mamá quedaron devastados pues deseaban muchísimo ser padres.

Tiempo después, mi mamá se embarazó nuevamente y entonces en 1958, el 27 de junio, nació mi hermana mayor, su primera hija, María del Socorro Araceli, a quien, para no perder la costumbre de la familia, apodaron "La Gorda", pues en realidad era una bebé gordita.

Mi hermana Araceli tenía ojos verdes, pelo rubio y piel muy blanca, muy al estilo de mi abuelo Rafael. Mis papás se pusieron felices con ella y llamaba mucho la atención por los rasgos tan bonitos que tenía.

Al año, en 1959 el 15 de julio, nació mi hermana Gabriela, a quien apodaron "La Perry" (Por la ardillita de Walt Disney)

A diferencia de Araceli, Gabriela tenía piel morena como mi papá, pero también con ojos verdes aceituna. Ese contraste la hizo ser muy bonita también.

Mi tío Germán - Tin Tan -, le llamaba "Belleza rara".

Casi un año y medio después, en 1960, el 27 de noviembre, nací yo: Esteban, y me apodaron "El peterete" (como también apodaban a mi papá sus hermanos), como una mezcla de rasgos pues tenía piel apiñonada, ojos verdes y cabello dorado.

Finalmente, el 18 de diciembre de 1961, nació Carmen a quien apodaron La Gude Gudelia. Ella fue también apiñonada, pero con ojos azules, cabello rubio y muy regordeta, tanto que mi mamá jugaba con ella que se la comía a mordidas.

En menos de 4 años de casados, mis papás ya tenían ¡cuarto niños que criar! Y, con una familia tan numerosa, formada en tan poco tiempo, mi papá tuvo que trabajar más arduamente en diversos oficios para llevar el sustento a su casa.

Entre sus oficios encontramos muchos de los que él representó cuando, a partir de 1971, trabajó en el programa de El chavo del 8 como "Don Ramón": Carpintería, vendedor de comida, moles envasados, mecánico, chofer de tráileres, electricista, panadero, pintor de brocha gorda ¡y de pincel!.

Con su herramienta básica de carpintero: Serrucho, segueta, martillo, clavos, pegamento y con la madera que conseguía con algún vecino, hacía mesas, bases para cama, y bancos, y entonces los vendía.

A veces con dos latas de sardinas, un kilo de huevos, dos papas, una cebolla y un poco de aceite, mi papá hacía tres "tortillas de Sardinas" (no de papa como la tradicional española). Dos para vender en rebanadas y, de la otra, mitad para nosotros y mitad para el señor de la tienda que le daba fiado cuando de plano no teníamos que comer.

También hacía pan de elote, lo cortaba en rebanadas y se lo llevaba al señor de la tienda quien se lo tomaba como pago de la deuda y lo vendía a sus clientes

Según nos contaba mi papá, por algún tiempo manejó tráileres o tractocamiones Kenworth. Nunca supe para qué empresa, pero se emocionaba mucho al platicar de sus trayectos y de lo difícil que era echarse en reversa en "uno de ésos".

Por haber adquirido esa experiencia en carretera, mi papá se convirtió en uno de los choferes de su hermano Germán y de su familia. Mi tío Germán ganó tanto dinero por sus pelícu- las, que llegó a tener automóviles importados de Estados Uni- dos como: Cadillac, El Dorado y Jaguar. Aunque él los maneja- ba, cuando era necesario, llamaba a mi papá para contratarlo y llevar a su familia- esposa e hijos- a lugares tan relativamente cercanos como Acapulco y tan lejanos como El Paso Texas.

Mi papá tenía un gran talento para dibujar, y pintar paisajes y escenas de casitas y pueblitos, los cuales plasmaba en las paredes de sus casas (es decir, las que rentaba) y hasta en azulejos, los cuales también vendía. Uno de esos azulejos se lo regaló a mi mamá. Era un paisaje con pinos verdes cubiertos de nieve y una cabaña hecha de troncos de madera también cubierta de nieve y con una chimenea por donde salía humo. Los detalles eran hermosos, se podían ver las cortinas a través de la ventana y las betas de los troncos que formaban la cabaña. Lo sobresaliente de esto. es que eran azulejos de 10 por 10 centímetros.

Entre todos estos trabajos, cada vez que tenía la oportunidad de trabajar en el cine o en el teatro, ¡lo hacía! En especial
cuando mi tío lo invitaba a trabajar en sus películas.

No obstante, aunque se esforzó por ganarse el sustento para la familia, la realidad es que, tal y como sucedía con
el personaje de Don Ramón, durante muchos años, le costó
mucho juntar el dinero para los gastos y pagar la renta.

De hecho, mi tío Germán, siempre generoso y amoroso,
le ayudaba constantemente, dándole "trabajitos": haciendo
mandados o pagos, lavándole sus coches y hasta haciéndola
de su chofer, de manera que pudiera ganarse unos pesos para
llevar la "papa", como le decían los Valdés a la comida- a su
casa.

En estas circunstancias, por mucho tiempo, mis hermanas
y yo dormimos en camas de medio uso que mi abuela nos
regalaba y a las que les faltaban algunas patas, lo que hacía
necesario poner botes de metal, (de leche en polvo o de
Chocolate) que mi papá conseguía, tal y como aparece en los
sillones de la casa de "Don Ramón" en el Chavo.

Aun así, esto jamás nos afectó, si algo guardamos en nuestra memoria con cariño, son aquellas noches en que estando ya en la cama y supuestamente dormidos, mi papá llegaba a arroparnos, asegurándose que el cobertor que nos cubría, no tocara el suelo, insertándolo entre el colchón y las latas, y al final, dándonos un gran beso con ese bigote grueso y puntiagudo, ¡¡pero lleno de amor!!!

UN ANIVERSARIO Y DOS FUNERALES

A mediados del año 1961, poco antes de que naciera mi hermana Carmen, mis abuelos celebraron 50 años de casados. Todos sus hijos excepto mi tío Pedro, quien vivía en Los Ángeles California con su esposa Otilia, asistieron a una misa celebrada en una de las más importantes Iglesias Católicas de México. También asistieron muchos otros familiares y amigos.

Una vez terminada la misa, y después de tomar muchas fotos, todos se dirigieron a la casa donde vivían mis abuelos en el Fraccionamiento Acacias para disfrutar de una comida deliciosa preparada nada más y nada menos que por mi tía Nena y la cocinera que trabajaba para ellos.

Todos disfrutaron de ese día tan importante para la familia Gómez -Valdés Castillo, excepto mi abuelo Rafael ya que para entonces, la anemia que años antes le habían detectado, se había convertido en leucemia lo que le ocasionaba mucha debilidad, fatiga, y dolores cada vez más fuertes y frecuentes en sus huesos y, en general, en todo su cuerpo. Además, había perdido mucho peso. Y, aunque seguía bajo tratamientos médicos, su salud no mejoraba. Por eso, al sentirse débil y sin energía después de cenar y tomar unas copas, se despidió de los invitados y se subió a descansar a su cuarto.

A principios de 1962, mi abuelo se puso muy grave y fue hospitalizado unos días hasta que estabilizaron su condición y pudo regresar a su casa, donde mi abuelita, mi tía Nena y mi tío Cristóbal se turnaban para cuidar de él. También en ese tiempo, mi tío Rafael junto con su esposa Ana María y sus hijos vivían en uno de los pequeños departamentos que había en la parte de atrás de esa misma casa y cooperaron en el cuidado de mi abuelo.

Mi papá y mis otros tíos también lo visitaban regularmente y hacían lo que podían, según sus circunstancias para ayudar.

Desgraciadamente, meses después se puso peor y comenzó una larga agonía. Por eso, se decidió que el médico familiar: El doctor Huerta de la Sota, lo visitara todos los días para administrarle los medicamentos que le mitigaban el dolor. La familia ya esperaba lo peor, pues el doctor les dijo que sería cuestión de días para que mi abuelo muriera. Sin embargo, mi abuelo se aferraba a la vida cada día y aunque ya casi no hablaba, constantemente decía que quería ver a mi tío Pedro. Por eso, tan pronto como pudieron, se comunicaron con él por teléfono a Estados Unidos.

Aunque mi tío sabía de la enfermedad de mi abuelo, viajaba constantemente por su trabajo en las caravanas artísticas y no estaba al tanto de lo grave que se encontraba. Entonces, cuando por fin lo localizaron y supo que mi abuelo estaba en agonía, y que insistía en verlo, suspendió su gira de trabajo por unos días y viajó a la ciudad de México.

Cuando llegó a la casa, le dio mucho gusto ver a todos sus hermanos juntos después de mucho tiempo. Después de muchos abrazos, sonrisas y lágrimas, empezó a subir las escaleras de caracol que llevaban a la habitación donde estaban Angelita, mis abuelos y mi tía Nena.

Mi abuela y mi tía lo abrazaron llorando inconsolablemente. En ese momento, entraron mi papá y mis tíos y se quedaron observando la escena conmovidos también.

Increíblemente, aunque mi abuelo ya no tenía energías ni para comer, en el momento que escuchó la voz de mi tío, se incorporó, logró sentarse, y abriendo sus brazos hacia su hijo, con un nudo en la garganta dijo:

—"¡Pit! ¡Pit! ¡Hijo!"

Mi tío se acercó a él y lo abrazó delicadamente, y entonces los dos y los que observaban comenzaron a llorar. De manera aparentemente milagrosa, desde el momento que mi tío llegó, mi abuelo empezó a sentirse bien, al grado que todos pensaran que lo que lo enfermaba era la ausencia de su hijo Pedro. Sin embargo, para tristeza de todos, esa misma noche en la madrugada, mi abuelo falleció.

¡SÍ! La leucemia venció a mi abuelo.

El dolor que esta pérdida causó a toda la familia, pero en especial a mi abuela Guadalupe, fue indescriptible, y aunque también dolorosa para mi tío Pedro, el haber podido ver y abrazar a su padre antes de morir, le dio cierto grado de satisfacción y resignación.

Después del funeral y del entierro de mi abuelo, mi tío tuvo que volver a Estados Unidos. Aunque fue muy triste despedirse de todos, pero en especial de su mamá, el saber que la familia estaba más unida que nunca y que entre todos cuidarían de ella, le dio mucha tranquilidad. Cabe mencionar, que poco después de la muerte de su hijo, Angelita decidió irse a vivir a casa de su nieto Rafael Ángel y su familia, donde vivió hasta que murió.

Desgraciadamente, tres semanas después de la muerte de mi abuelo y cuando todavía la familia lo lloraba, recibieron una noticia totalmente inesperada. Otilia, la esposa de mi tío Pedro, se comunicó con mi tío Rafael desde Estados Unidos para avisarles que mi tío Pedro había fallecido en un aparatoso accidente en un Freeway de Los Ángeles. Según le explicó, llevaban 3 días de gira en un autobús con una caravana de artistas que recaudaba fondos para ayudar con becas a jóvenes latinos de Los Ángeles. Al finalizar, aunque estaban muy cansados decidieron regresar a casa de noche. El chofer que manejaba para ellos, comenzó a cabecear y trataba de mantenerse alerta para llegar con bien. Sin embargo, aunque no se durmió, como iba muy cansado, no se dio cuenta al tomar una desviación y se metió en sentido contrario en un Freeway. Cuando reaccionó, ya era demasiado tarde y acabó impactando de frente con otro camión causando la muerte instantánea de todos los que con él viajaban, incluyendo por supuesto a mi tío Pit.

Mi tío Rafael quedó pasmado con la noticia y fue a buscar a mi tía Nena y mi tío Cristóbal, quienes vivían con mi abuela, para darles la trágica noticia. Después de asimilar la situación decidieron no decirle a mi abuela lo que había pasado puesto que, si ni siquiera se había repuesto de la muerte de mi abuelo, saber de la muerte de mi tío Pit le hubiera afectado todavía más. Lo que sí hicieron, fue tratar de ponerse en contacto con mi papá y mis otros tíos.

Cuando se enteraron, quedaron devastados. Al final, solo mi tío Rafael y mi tía Nena, pudieron viajar a Estados Unidos para acudir al funeral y entierro de mi tío Pit, donde, -según contaba mi tía- acudieron decenas de personas que lo querían mucho.

LAS MUCHAS CASAS

Crecimos acostumbrados a los constantes cambios de casa, es decir, la palabra "mudanza" era parte del vocabulario de mis papás. Pero creo que eso nos ayudó a ser adaptables ya como adultos y a que los cambios, en general, no nos afectarán.

Aunque mi papá fue un hombre trabajador e hizo de todo para llevar el sustento cada día a la casa, la realidad es que, por más que se esforzaba, a veces no le alcanzaba.

Hay que recordar, que no solo tenía que mantenernos a nosotros cuatro y a mi mamá, sino también contribuir con la manutención de sus dos primeros hijos, Rafa, quien vivía con su mamá y Ramón, quien para entonces vivía con la abuela Guadalupe.

LA CASA DE LA REJA VERDE
Año 1963

Puesto que cuando vivimos en esta casa éramos muy pequeños, Ara tenía 5 añitos, Gabriela 4, yo 3 y Carmen 2, los recuerdos que tenemos de ese tiempo son gracias a algunas fotografías que mis papás guardaron.

Esa era una casa pequeña que tenía un patio que daba a la calle con una reja (o portón) verde. En el patio jugábamos pelota y podíamos montarnos por turnos al único triciclo que teníamos.

Pero sí recuerdo que para desayunar mi mamá nos hacía huevos estrellados con muchísimo aceite, y a la orilla del plato ponía pedacitos de pan para que los mojáramos con la yema y así nos los comiéramos poco a poco.

Cuando mi papá desayunaba con nosotros, antes de que empezáramos a comer, -sin que mi mamá se diera cuenta- cortaba un pedazo de papel de estraza y lo ponía encima de los huevos para absorber el exceso del aceite y entonces después de dar gracias a Dios, podíamos comer. Sí, aunque mi papá no fue un hombre muy religioso sí nos enseñó a siempre darle gracias a Dios por la comida y cualquier cosa que tuviéramos, fuera mucho o poco.

Por eso, aunque éramos muy pequeños verlo inclinar su cabeza diciendo su oración: -"Gracias te doy Gran Señor, por este pan que nos das de comer sin merecerlo, Amen"- fue muy hermoso. Y cuando él no estaba con nosotros a la hora de comer, mi mamá nos decía: "Vamos a darle gracias a Dios", y los cuatro agachábamos la cabeza, -como lo hacía mi papá- y decíamos las mismas palabras junto con mi mamá.

Mi tío Cristóbal, o tío "Ruco",-como le llamábamos- fue el único hermano de mi papá que nunca se casó y quizás por eso nos visitaba frecuentemente. Siempre nos llevaba fruta y pan para comer con café. Fue un tío muy amoroso y siempre que podía jugaba con nosotros. Además, se llevaba muy bien con mi mamá y le encantaba hacer bromas y bailar de una forma muy graciosa. No hubo casa donde no nos haya visitado y por eso fue nuestro tío favorito.

De izquierda a derecha: mis hermanas Araceli "La gorda de 5 años, Gabriela
"La Perry" de 4 años, y yo "El peteretito" de 3 años con nuestro querido tío "Ruco"

LA CASA DE CARLOS DOLCI

(Año 1964-65)

Esta fue una casa más o menos grande, pero vieja, con un jardín amplio, pero descuidado y césped seco. También tenía un cuarto afuera, que mi papá usaba como taller de carpintería y donde guardaba la motocicleta que acababa de comprar y que usaba para ir a trabajar y comprar comida.

Fue en esta casa, en donde en una ocasión, decidió hacerla de peluquero. Un día mi papá me llevó al jardín, en ese entonces yo tenía 5 añitos y mis hermanas nos siguieron. Me sentó en una silla que había en el patio y me puso una toalla alrededor del cuello, había decidido raparme "el coco". No sabemos porque decidió hacer eso, pero lo que sí sé, es que jamás lo olvidaré.

Esteban de 5 años junto a la motocicleta de Ramón.

Comenzó el corte de pelo con unas tijeras haciéndolo lo más pegado a la cabeza posible. Una vez que logró dejarlo casi al ras del cuero cabelludo, tomó su rastrillo de metal, le puso una navaja Guillette nueva y procedió a ponerme espuma en la cabeza espuma de jabón que hizo con la brocha de rasurar y después de unos minutos comenzó a rasurarme, poco a poco y con mucho cuidado.

Mientras esto sucedía, mis hermanas, Araceli, Gabriela y Carmelita, miraban con mucha atención, y me preguntaron —"¿No te duele?" A lo cual yo respondí: "¡No!"

Me veían y me preguntaron otra vez

– "¿No te duele?"

A lo que yo volví a responder

–"¡NO! ¡No me duele!"

Después de 15 minutos, mi papá, ¡por fin terminó!

Sin embargo, faltaba lo más importante: El toque final...

Como sabemos, muchos hombres acostumbran ponerse agua de Colonia o perfume en el rostro después de afeitarse, y mi papá era uno de ellos. Por eso decidió hacer lo mismo conmigo. Sin embargo, como ya no tenía agua de colonia, usó alcohol de 96°, tomó la botella y puso un poco en su mano izquierda, la frotó con la derecha y, colocó sus manos llenas de alcohol en mi cabeza, al tiempo que les decía a mis hermanas:

– "¡Sóplenle! ¡Sóplenle!"

Y ellas muy atentas, así lo hicieron.

En ese momento, cuando mi papá frotaba mi cabeza, sentí un ardor que me quemaba y di un grito que se escuchó hasta la esquina de mi casa y, con ese ardor, ¡me puse a correr y correr, como si me persiguiera un león!, ¡y no paraba de gritar y llorar y saltar y correr! Mis hermanas me perseguían, pero yo seguía corriendo, ¡gritando y llorando! Mi papá también corrió tras de mí, y una vez que me alcanzó, ¡me abrazó fuertemente y trató de calmarme y consolarme!

La verdad es que, pasó casi media hora para que se me quitara el ardor de la cabeza, me calmara y dejara de llorar. Mientras, mi papá fue corriendo a la tienda y me compró un Gansito[1] y me lo dio, yo todavía sollozando me lo comí de tres mordidas y entonces me calmé.

Meses antes de esta anécdota tan graciosa, a principios de ese mismo año, mi tío Germán había invitado a mi papá a participar en la filmación en Acapulco Guerrero, de la película "Tintanson Cruzoe", la cual era una parodia de ROBINSON CRUZOE.

***

En esta película, mi papá, caracterizó a uno de sus personajes más icónicos, aunque poco conocidos: El Mío-Mao.

Este personaje era un supuesto hechicero quien, al parecer, tenía poderes para hacer el mal, y cuya apariencia era tenebrosa. Para empezar, tenía el pelo blanco y largo. Como prenda, llevaba solamente un taparrabo tipo trusa[2], y toda su piel pintada con maquillaje se veía muy oscura, casi negra, lo cual hacía que sus ojos verdes aceituna, resaltaran más. Por eso, el día que mi mamá decidió llevarnos a la filmación a ver a

---

1. Es quizá el pastelito icónico de la panificadora Bimbo y quizá uno de los productos más famosos de la cultura mexicana..
2. Su significado en México es: prenda interior masculina

mi papá trabajar, fue lo peor que nos pudo haber pasado, ya que para mis hermanas: La gorda, de 7 años, La Perry, de 6, la Gudy de 4, y para mi de 5, verlo caracterizado de tal manera, fue como si hubiéramos visto a un monstruo y cuando se acercó a abrazarnos, los cuatro al unísono, nos pusimos a llorar inconsolablemente.

Ramón Valdés como el Mio-Mao

Todos en la locación se acercaron para ayudar y calmarnos, pero nada nos consoló. A mi mamá, no le quedó de otra que regresar de vuelta a la casa donde estábamos hospedados, pero mi papá le pidió que me dejara con él, y después de unos minutos, ya más tranquilo, me quedé feliz viendo la filmación y esperé ahí hasta que terminó de trabajar.

Al final, para quitarse la pintura del cuerpo, bajó a un pequeño riachuelo donde se metió y se enjuago hasta que quedó limpio y ya bañado y listo, mi papá me abrazó y le pidió a mi tío Germán que nos tomara una foto.

Esteban Valdés con su papá Ramón Valdés al terminar
de grabar una escena de la película TinTansoe Cruzoe en
su personaje "El Mio-Mao"

LA CASA DE MADERA

En esta casa que, extrañamente era de madera y estaba como abandonada, sucedieron cosas inolvidables para mis hermanas y para mí. Por ejemplo, para ese tiempo, la única manera de distraernos, era escuchando el radio que, por cierto, nos había regalado mi abuelita Guadalupe. Aunque ya existía la televisión, solo las familias ricas o acomodadas tenían una.

Cada tarde, después de haber hecho la tarea y comer, mi mamá nos llamaba a su cuarto, y encendía el Radio justo antes de que empezara la Radionovela "Chucho el roto" con el actor y cantante Manuel López Ochoa y la actriz Amparo Garrido. "El pobre será menos triste, si conoce la sonrisa y el apoyo de un amigo", era la frase con la que empezaba el programa.

Ara de casi 8 añitos, Gabriela de 7, yo de 6 y Carmelita de 5, nos sentábamos en la cama de mi mamá lo más cerca posible del radio, poniendo mucha atención a la narración imaginándonos las cosas que escuchábamos. Una vez que terminaba el episodio, los cuatro corríamos al baño, y regresábamos también corriendo, ya que después de "Chucho el roto", comenzaba la otra radionovela: "Kalimán, el hombre increíble"

En ocasiones, poco antes de que terminara la radionovela, mi papá sin hacer ruido, llegaba del trabajo y se ponía a cocinar. Por lo general para la cena preparaba una torta de sardinas; primero picaba una cebolla y la freía, batía un kilo de huevos, partía a la mitad las sardinas en tomate y les quitaba la espinita de en medio. Mezclaba todo con los huevos y entonces en un sartén con mantequilla bien caliente, vertía la mezcla.

El olor de la torta de sardina llegaba hasta el cuarto donde estábamos nosotros, y de inmediato nos dábamos cuenta de que mi papá estaba en la cocina. Terminando la radionovela, corríamos a saludarlo y abrazarlo, y después de besarnos a cada uno nos decía que fuéramos a lavarnos las manos para comer.

Cuando regresábamos, nos sentábamos y escuchábamos a mi papá decir la oración que hacía cada vez que comíamos: "Gracias te doy Gran Señor por darnos este pan de comer sin merecerlo" y todos contestábamos: "Amen".

Mi mamá siempre buscó maneras de ver el lado positivo y divertido de la limitada situación económica que teníamos, y de que nosotros hiciéramos lo mismo. Por ejemplo, en esa casa no había luz y así, con esa supuesta limitante encontramos el momento más divertido del día para nosotros. Al llegar la noche, mi mamá con su cigarrillo encendido, hacía figuras en el aire, las cuales teníamos que adivinar. Esto además de divertido, hacía que el tiempo pasara más rápido, y que se nos olvidara el hambre hasta que nos quedáramos dormidos, o llegara mi papá con la cena.

También, nos tirábamos en el suelo mirando el techo de tela, tipo lona, de la sala y apostábamos en qué momento pasaría una rata de una esquina del techo a otra, cuyas patitas se percibían por lo delgado de la lona. ¡Era muy divertido!

Una guitarra, una canción: la mejor manera de sanar.

Uno de los recuerdos más hermoso y entrañable de nuestra infancia es el de mi papá cantando todos los días, acompañándose de su inseparable guitarra. Él, todo lo hacía intensamente, en especial lo que le causaba placer. Si era un beso, como el que nos daba antes de dormir o al despedirse, era un beso lleno de amor, apretado y muy largo y hasta "ruidoso", siempre acompañado de un gemido de satisfacción.

Si era una fumada a su cigarrillo, era lenta y profundamente, como si fuera la última bocanada de humo de la que pudiera disfrutar.

Por eso, como cantar también era un placer para él, cuando lo hacía, era como si se subiera a un globo aerostático, desde donde podía contemplar las historias de amor y desamor que tanto le gustaba interpretar.

Quizás en cada una de las casas en que vivimos, a veces escaseaban algunas cosas, pero lo que nunca faltó fue una guitarra y una canción.

Aunque de niños no lo percibimos, después aprendimos que en ese tiempo, cantar era para él una especie de terapia, en que, se desconectaba de las presiones económicas y preocupaciones que tenía y se llenaba de fuerzas para seguir adelante sin desistir. Y es que si empezaba a cantar, no solo cantaba una o dos canciones, sino que durante más de una hora, cantaba el repertorio de las que eran sus favoritas, muchas de las cuales le enseñó mi mamá. Lo que sí hacía entre canción y canción era darle unas dos fumadas a su cigarrillo, y si tenía servida su cuba, también le daba dos tragos y entonces seguía cantando. En realidad, no tenía una gran voz, pero sí mucho sentimiento. Y aunque quizás no haya sido su intención, al cantar también hizo nuestra vida más alegre, más feliz y, sobre todo, más positiva.

LA CASA DE LA VIEJA LOCA
(1966-1967)

Poco tiempo después, a finales de 1966, nos mudamos temporalmente a la que llamamos la casa de La vieja loca. Era una casa grande y vieja en la colonia San Pedro de los Pinos.

Para ese tiempo, a mi papá no le quedó de otra que llevarnos a vivir ahí por unos meses.

Un desafío para mi mamá en esa casa, era lavar la ropa, ya que, de vez en cuando salía de la coladera una rata, cuando estaba destapada. Para resolver el problema, cuando lavaba, ponía a la Gorda y a la Perry a pegarle al suelo, cerca de la coladera, una con un molinillo y otra con el palo de la escoba, todo el tiempo que mi mamá lavaba. Aunque un poco cansado, para mis hermanas era muy divertido.

Para ese entonces, mis hermanas y yo, dormíamos en la misma cama, la única que teníamos. Mi mamá dormía en un sillón, y mi papá en el suelo sobre un cobertor.

Para colmo, el invierno de ese año fue uno de los más fríos en la historia de México, y en especial en la madrugada. Una mañana, el 11 de febrero la temperatura alcanzó los 4 grados bajo cero por lo que amaneció helado. Mi papá, quien fue el primero en despertarse, se asomó por la ventana y, para su sorpresa, todo estaba cubierto de nieve. Rápidamente se fue al cuarto donde estábamos durmiendo, se acercó a nuestra cama, y emocionado, nos dijo:

– "¡Despiértense niños! ¡Miren! ¡Vean!".

Nosotros, sorprendidos, no sabíamos lo que pasaba y queríamos seguir durmiendo. Entonces, mi papá cargó a la Perry y la acercó a la única ventanita que tenía ese cuarto.

– "Mira mamita!" le dijo, señalándole la nieve.

Al ver aquella blanca y brillante escena tras la ventana, a la Perry, se le abrieron los ojos y dijo:

–"¡Qué bonito!"

Al oír eso, saltamos de la cama y le pedimos a mi papá que nos cargara, pero en lugar de eso, nos dijo que nos pusiéramos los zapatos y un suéter, ya listos y abrigados, junto con mi mamá, quien también despertó, nos llevó afuera a ver la nieve.

Alrededor de las 10 a.m., mi papá salió a buscar un teléfono público para llamarle a mi tío Germán para saludarlo y saber cómo estaba por su casa la nevada.

Mi tío feliz, le dijo – "¡Vénganse a la casa Moncho!, ¡tráete a los niños para que jueguen acá! ¡Toma un taxi y acá te lo pago!

Mi papá regresó y le dijo a mi mamá que nos alistara. Salimos a la calle, tomamos el taxi, y nos fuimos emocionados a la casa de mi tío, donde jugamos felices e hicimos un muñeco de nieve.

Otro recuerdo inolvidable de esa casa, es cuando mi papá nos hacía tortillas de harina y buñuelos.

La verdad es que a veces había poco o nada que comer. Era entonces cuando mi papá resolvía el problema de la manera más divertida. Lo que él hacía, era llamarnos a la cocina para que viéramos cómo preparaba la masa, cuando ya estábamos los 4 alrededor de la mesa, comenzaba el memorable ritual:

Ponía la harina sobre la mesa de concreto, y la acomodaba de manera que pareciera el cráter de un volcán, en el hueco, echaba agua con sal y, al mismo tiempo, empezaba a incorporarla. Poco a poco iba amasando y dándole forma con sus grandes manos. En ese momento, sin que nosotros lo esperáramos, tomaba la masa con sus dos manos, y la alzaba al nivel de su pecho y entonces la azotaba muy fuerte sobre la mesa, para que se incorporara todavía más, causando un fuerte ruido que nos daba un tremendo susto que nos hacía saltar, pero de inmediato soltábamos una gran carcajada.

Esto lo hacía hasta tres veces más, pero siempre esperaba a que nos distrajéramos y entonces la azotaba más fuerte y nos asustaba más, pero siempre acabamos muertos de risa, algunas veces incluso le pedíamos que la azotara otra vez.

Después, hacía bolitas con la masa, y luego, con un molinillo, les daba forma de tortilla y se las pasaba a mi mamá, quien ya tenía el sartén caliente para cocerlas. También, cuando sobraba masa, la estiraba sobre la mesa, y cortaba triángulos y los echaba en aceite para freírlos. Al final, nos sentábamos a cenar las deliciosas tortillas y los buñuelos acompañados de una taza de café o chocolate caliente. La realidad es que disfrutábamos tanto de ese momento que, aunque fuera lo único que comiéramos, el amor con que mis papás nos cuidaban, era más que suficiente para nosotros.

Un día mi papá nos dio una sorpresa. Llegó con una camioneta de mudanza, solo que en esa ocasión no para mudarnos sino para traernos dos camas nuevas: una matrimonial para ellos y la otra para nosotros.

Acababa de firmar un contrato para trabajar en la película "Cada quien su lucha", donde actuaría en un pequeño papel. Por lo general a los actores no les pagaban sino hasta días después de haber empezado la película. Sin embargo, como conocía al director, - Don Gilberto Martínez Solares- logró que le dieran un adelanto, y con eso pudo comprar las camas. Curiosamente, aunque no lo conoció entonces, el escritor de dicha película fue nada más y nada menos que Roberto Gómez Bolaños.

Aunque disfrutamos mucho de nuestro tiempo en esa casa, las cosas cambiaron cuando la dueña, quien vivía a un lado de la nuestra, empezó a hacer cosas extrañas, como gritar y arrojar basura a nuestro patio sin razón alguna. Creo que hasta una vez arrojó una rata muerta. De ahí que la apodáramos "La vieja loca". Pero, el colmo fue cuando un día llegó con una bolsa con latas de sardinas y jugos de regalo. Aunque a mi mamá se le hizo extraño, aceptó y le dio las gracias. Entonces nos llamó para darnos los jugos, y ¡cuál fue nuestra sorpresa!, al abrirlos salió el líquido lleno de espuma y olía muy mal, ya que habían caducado hacía meses. Mi mamá por curiosidad, abrió una de las latas de sardinas, y también estaban echadas a perder. Cuando llegó mi papá y se enteró de eso, decidió que mejor nos cambiáramos de casa nuevamente.

EL DEPARTAMENTO DE LA CALLE ADOLFO PRIETO

Viviendo en aquel departamento ya en el año 1967, debido a que mi papá se atrasó con la renta, de repente, llegaron unos abogados con una orden de embargo, y se llevaron los sillones de la sala de la casa. Al ver nuestra cara de sorpresa y preocupación, mi papá inmediatamente trajo nuestros triciclos y mi pelota y nos dijo: ¿Quién de sus amigos tiene un patio para jugar dentro de su casa? Sin pensarlo Arita se subió al triciclo, Carmelita en la parte de atrás y se pusieron a dar vueltas a toda velocidad tomando turnos con Gabriela, mientras que mi papá hizo una portería con mis zapatos y, se puso de portero para que yo tirara a gol. De esa manera, logró que nosotros aprendiéramos que lo que para algunos hubiera sido una tristeza para nosotros fue lo mejor.

Otro recuerdo hermoso que tengo en ese mismo departamento es cuando nuevamente usó su ingenio y creatividad amorosa cuando a mis zapatos se les hizo un agujero en la suela. Como no tenía para comprarme otros, traía un pedazo de cartón, lo ponía en el suelo, y entonces me pedía que descalzo me parara encima y con un lápiz dibujaba una línea alrededor de mis pies. Finalmente recortaba las siluetas y las metía dentro de nuestros zapatos. Con ese remedio, podíamos usarlos durante más tiempo.

También recuerdo muy bien cuando un día mis papás invitaron al departamento a Olga mi prima, hija de Germán y a su esposo Julio Monroy quienes acababan de tener a su primer bebé: Julito. La estábamos pasando muy bien, hasta que mi prima se dio cuenta de que no llevaba puesto su anillo de matrimonio. De inmediato se puso a buscarlo por todas partes y al no encontrarlo comenzó a llorar inconsolablemente. Todos nos dimos a la tarea de buscarlo en el baño, en la cocina y en todas partes, pero no lo encontramos, y Olguita se puso muy mal. Al verla tan triste y desesperada a mi papá se le ocurrió la idea de ir por un cordoncito, se acercó a ella y abrazándola le dijo: "Dame tu mano!" - Olguita, sollozando se la dio. Entonces mi papá le amarró el cordoncito en el dedo donde estaba su anillo y le dijo: "Te prometo que vas a encontrar tu anillo!". Inmediatamente Olga se tranquilizó y dejó de llorar. Cenamos y más tarde se fueron.

Al día siguiente mi papá fue a visitar a su hermano Germán, quien se había enterado de lo que había pasado. Cuando mi papá le preguntó cómo estaba Olga, mi tío se empezó a reír muchísimo sin que mi papá supiera por qué. Entonces mi tío le explicó que Olga había encontrado el anillo, -lo que a mi papá le dio mucho gusto-. Pero conforme le iba explicando, mi papá seguía sin entender porque mi tío se reía tanto. Finalmente le explicó que Olguita lo había encontrado entre la popó de uno de los pañales de tela de Julito que había lavado al llegar a casa el cual le había cambiado mientras estaban en nuestra casa el día anterior. Los dos reían a carcajadas y cuando finalmente

Olga lo vio lo abrazó y le dio las gracias puesto que después de todo, la promesa del cordoncito se había cumplido.

En otra ocasión, por no pagar la renta en ese mismo departamento, fuimos lanzados, con todo y los pocos muebles que nos quedaban. Es decir, con una orden de desalojo, simplemente, dieron unas horas para empacar y sacar todo a la calle.

Esa vez, cuando regresábamos de la escuela primaria María Montesori que estaba cerca de la casa, vimos a mi mamá en la calle, y todas nuestras cosas, ¡afuera del edificio donde vivíamos!

Mi mamá simplemente nos dijo:

—"¡Ya viene tu papá con la mudanza!, otra vez nos vamos a casa de tu abuela Lupe".

Y así, esperamos sentados encima de los muebles que habían apilado uno sobre otro. Sin embargo, esto tampoco fue razón para que nos amargáramos o entristeciéramos, al contrario, si algo disfrutábamos, era irnos, aunque fuera por unos días, a la casa de mi abuela Lupe mientras mi papá conseguía otro lugar para mudarnos o que regresara de alguna gira de trabajo en el teatro.

La casa de mi abuelita, estaba ubicada entonces en una privada en la calle 1, en el fraccionamiento Acacias, en Ciudad de México. Era una mansión que, años antes, había comprado mi tío Germán para vivir con "La Micky", su segunda esposa, y sus hijos Javier, Genaro y Olga, pero que al regresar ellos a Estados Unidos, la habitaron sus padres.

Ahí, vivían con mi abuelita, mi tío Cristóbal -el Ruco- y mi tía Nena quien tampoco se casó.

Era una casa increíble: tenía un gran portón de dos hojas pesadas de metal que daba a la calle. Al entrar había un camino formado por placas rectangulares de cemento, pintadas de colores, entre las que tenían los nombres de los hijos de mi tío Germán de su segundo matrimonio, OLGA, GENARO Y JAVIER, y las cuales llevaban a un porchecito que tenía una banquita donde se sentaba mi abuelita. Ahí, a la izquierda estaba la puerta de cristal y metal que era la entrada de la casa. Ya entrando, del lado izquierdo, estaba la escalera estilo caracol con vitrales muy altos, que llevaba al segundo piso, donde estaban las inmensas recámaras de mi tío Ruco, mi tía Nena y la de mi abuelita, además de un inmenso baño del lado derecho. Pero algo que recuerdo mucho, es lo que había en el vestíbulo, antes de entrar en la recamara. Mi abuela era ferviente católica, había un mueble alto y largo, donde ella tenía una gran colección de imágenes religiosas y estatuas de diferentes santos con sus respectivas veladoras, y por supuesto, las fotos de mi abuelo, y la de mi tío Pedro, que recientemente habían fallecido.

Debajo de la escalera de caracol, había un medio baño, para las visitas. Del lado derecho estaba la sala, con una puerta de cristal y madera, en la que había una chimenea, ¡un televisor muy grande! y sillones por todos lados. Esta se conectaba al comedor donde había una mesa suficientemente grande como para sentar a ¡12 personas! Por cierto, cada sábado se juntaba la familia a eso de las 6 de la tarde para jugar Póker. Era súper divertido pues en ocasiones tenían que poner más sillas alrededor de esa gran mesa pues jugaban mi abuela Guadalupe, mis papás mis tíos y sus esposas además de amigos cercanos y por supuesto el que llegó a ser el único novio oficial de mi tía Nena, un tal Herman de la Cruz. Después de unas dos horas de juego, hacían una pausa de media hora para cenar algo ligero e ir al baño o estirarse. Después, regresaba cada uno a su lugar y continuaban el juego, el cual acompañaban con alguna bebida como una cuba o un *Jaibol*[3].

Lo increíble de esa reunión donde siempre se escuchaba música de fondo para ambientar, es que todos, - excepto mi abuelita- fumaban sin parar, lo que hacía que el lugar pareciera un casino de Las Vegas.

Mientras los adultos jugaban, los niños y jóvenes nos la pasábamos muy divertidos en el inmenso jardín de esa entrañable mansión hasta que, a eso de las 12 de la noche, terminaba la partida de póker.

Del lado izquierdo del comedor estaba la cocina, también era muy grande, donde se encontraba mi lugar favorito. Un cuarto donde mi abuela Lupe tenía todo tipo de frutas, verduras y todo lo que necesitaba para cocinar.

Los aromas que impregnaban aquel cuartito ¡eran maravillosos! Y lo era más cuando mi abuelita me decía: "Agarra una fruta Pete! ¡La que quieras!" y yo como todo niño buscaba el mango más grande o la manzana más roja.

En esa cocina, mi abuelita preparaba entre otras cosas, los frijoles bayos más deliciosos que he comido en mi vida… No sé por qué… pero cada mañana, mientras estábamos hospedados ahí, nos daban frijoles acompañados de una telera o un bolillo, y lo que nunca faltaba, la nata para el pan, café con leche o vaso de agua natural, del botelloncito de barro que siempre estaba en medio de la mesa, siempre a tope. Sin duda el agua más fresca que he tomado en mi vida. Nunca supimos si había otra cosa para desayunar o por qué solo nos daban frijoles, o por qué nunca desayunamos en el comedor grande, pero eso no le quitó lo delicioso a ese plato de frijoles que nos daban con tanto amor.

3. Am. Cen., Ant. y Méx. Bebida consistente en un licor mezclado con agua, soda o algún refresco, que se sirve en vaso largo y con hielo.

EL DEPARTAMENTO DE CALLE MARIPOSA

1967-68

"El santo regalo"

Este quizás fue el departamento o casa más pequeño en el que vivimos. Estaba en un tercer piso. Tenía dos pequeñas recamaras de 5 x 5 mts, una al lado izquierdo, -la de mis papás, donde apenas cabía su cama y una cajonera. Y otra a la derecha, para nosotros 4; cabían dos camitas donde dormían mis tres hermanas, y un catre de metal, para mí. En medio estaba la estancia de quizás 4 x 4 mts donde solo había un sillón doble de madera y mimbre y una mesita con dos sillas, y la cocinita de 3 x 3 mts, y un baño de 3 x 3 mts.

En ese departamento, sucedió algo muy extraño pero gracioso.

Un día mi papá llego a la casa con un crucifijo enmarcado en cristal que un vecino que se estaba cambiando de casa le regaló, le quitó el polvo que tenía y sin pensarlo lo colgó en la pared cerca de la cama de mis hermanas

Una mañana, mi mamá, se dio cuenta de que las niñas tenían ronchas en varias partes de su cuerpo. Al principio pensó que era debido a la picadura de algún mosquito. Sin embargo, estas ronchas, a diferencia de las que dejan los mosquitos, se veían diferentes.

Cuando llegó mi papá a la casa, mi mamá le mostró las ronchas de mis hermanitas. Mi papá inmediatamente se dio cuenta de que eran picaduras de chinches, insectos pequeños, que se esconden en las sabanas, colchones o en las paredes, se alimentan de sangre humana, y por lo general lo hacen en la noche.

94

De inmediato, fue a la cama de mis hermanas, quitó la colcha y las sábanas y busco en las orillas del colchón, y no encontró nada más que algunas diminutas manchas de sangre, lo cual era señal de que, posiblemente, si andaban por ahí.

Dos días después mis hermanas amanecieron con nuevas picaduras en sus cuerpos, lo que intrigaba a mis papás. Lo extraño era que, al revisar la cama, no encontraban pulgas. Por eso, todos nos dimos a la tarea de buscar de dónde venían estos bichos, pero no encontrábamos nada.

Aunque cada noche poco antes de irse a dormirnos mi papá rociaba insecticida con la bomba, todavía mis hermanas despertaban con nuevas ronchas en sus cuerpos.

Poco se imaginaban lo que finalmente sucedería, una mañana en que mi papá, fue a despedirse de nosotros antes de irse a trabajar.

Después de darnos un beso, nos echó la bendición a cada uno como era su costumbre, diciendo: **"Dios te cuide, ¡te ayude y te bendiga!"**, luego nosotros también le echamos la bendición a él diciendo las mismas palabras y le dimos un beso.

Finalmente, antes de salir del cuarto, mi papá dirigió su mirada al crucifijo enmarcado con cristal que estaba en la pared encima de la cama de mis hermanas, y agachando la cabeza, él mismo se persignó.

En ese momento, reaccionó ¡Abrió sus ojos verdes en señal del descubrimiento que acababa de percibir!, se acercó al cuadro del crucifijo, y entonces dijo: "Aquí no hemos buscado!"

−"¿Buscado qué, papá?" pregunto Arita

—"Las chinches! ¡Las chinches!"- Dijo mi papá al mismo tiempo que se acercaba al crucifijo.

Los 4 emocionados, repetimos las mismas palabras - "¡Sí es cierto! ¡Ahí no buscamos!"

Para sorpresa de todos, cuando mi papá lo quitó de la pared, ahí estaban las chinches tanto en la pared, como en el mismo cuadro donde habían anidado.

Al ver eso salimos gritando y corriendo al otro cuarto donde estaba mi mamá donde se encontraba recostada viendo la televisión - le gritó a mi papá - "¡¿Qué pasó Flaco?!"

El no respondió, pero nosotros le explicamos lo que había pasado. Mientras tanto, mi papá, agarró la bomba del *flit*[4], y roció, tanto la pared, como en el mismo cuadro del crucifijo, el cual por supuesto, tristemente acabó en la basura.

Sobra decir, que, a partir de entonces, ya no nos picaron más las chinches.

---

4. Es el nombre de una marca de insecticida. Producto original inventado por el químico Dr. Franklin C. Nelson y lanzado en 1923 y principalmente usado para matar moscas y mosquitos.

LA GRAN NOTICIA

Fue precisamente en ese departamento, donde, una noche, llegó mi papá, ¡más feliz que de costumbre!

Después de ir a nuestro cuarto para darnos un beso a cada uno -aunque ya estábamos durmiendo-, entro al cuarto donde estaba mi mamá ya recostada, le dio un beso como siempre, y le dijo con una sonrisa:

–"¡Te tengo buenas noticias mi vida!"

–"Dime flaco! ¿Qué pasó?"

–"Me acaban de contratar para un programa de televisión".

Mi mamá dio un brinco y lo abrazó y lo besó - "¡Qué bueno flaquito! ¡Qué bueno!, ¡gracias a Dios! ¡Cuéntame! ¡Cuéntame!"

–"Pues es para ese programa de: **Sábados de la fortuna,** y es Roberto Gómez, con quien trabajé en la película "El cuerpazo del delito" con Angélica María, quien me llamó para trabajar con él".

–"¡Que maravilla Flaco!".

–"Sí, gracias a Dios".

Entonces, mi papá sacó de su mochila, una anforita de ¾ de ron Bacardi oro y una Coca-Cola, una cajetilla de cigarros sin filtro, dos paquetes de pepitas, (semillas de calabaza asadas y saladas) y le dijo a mi mamá:

– "Vente mi vida. ¡Esto hay que celebrarlo!"

Y se fueron a la mesita de la sala. Mi mamá fue a pedirle unos hielos al vecino de enfrente, entonces mi papá preparó dos cubas y felices se quedaron platicando y celebrando.

¡Poco se imaginaban, la manera en que sus vidas cambiarían por completo!

Cuando mi papá participó en la filmación de la película "El cuerpazo del delito" en una de tres partes, llamada "La rebelde" al lado de Angélica María y Mauricio Garcés, dirigida por Rafael Baledón, compartió créditos con... nada más y nada menos que, con Roberto Gómez Bolaños, quien para entonces también comenzaba su carrera de actor en el cine.

Fue ese el momento mágico en el que, no solo surgió una amistad maravillosa entre ellos, sino que, además, Roberto pudo, por primera vez, ver de cerca, el talento y creatividad artística de Ramón, la cual le impactó a tal grado que, pocos meses después, cuando en 1968 a Roberto le ofrecieron el proyecto para "TIM" TELEVISORA INDEPENDIENTE DE MÉXICO, sin pensarlo, contacto a Ramón, para que participara en él.

El proyecto consistía en un SKETCH de unos 10 minutos, dentro del programa de concurso y variedades llamado "Sábados de la Fortuna", conducido por Neftalí López Páez.

Dicho proyecto llegó a ser conocido como "Los súper genios de la mesa cuadrada"

Roberto, integró entonces, el elenco de comediantes que lo acompañaría de ahí en adelante.

Él sería *El Doctor Chapatín*, María Antonieta de las Nieves sería la *Mococha Pechocha*, Rubén Aguirre, el Profesor Aguirre y *Jirafales*, y Ramón sería el *Ingeniebrio* Ramón Valdés y *Tirado Alanís*. También participó en los primeros programas el actor cubano Aníbal del Mar.

La dinámica del SKETCH era muy simple pero innovadora.

La *Mococha* leía preguntas curiosas que, supuestamente había mandado el público del programa, a las cuales cada uno de los integrantes de la mesa respondía según su "criterio" de manera chistosa o sarcástica.

En 1970, el programa ahora llamado "Carrusel con Neftalí", fue cancelado, pero no el SKETCH de "La mesa cuadrada", ya que debido a su éxito, ahora sería un programa de media hora semanalmente, producido por Sergio Peña, pero con un nuevo nombre: "*Chespirito y La mesa cuadrada*" incluyendo más SKETCHES para llenar el tiempo al aire.

Para mediados de 1971, se dio comienzo a la transmisión, ahora por el Canal 8 de Televisión Independiente de México, del programa ***"El Chavo del 8"***, producida por Carmen Ochoa, Enrique Segoviano y el mismo Roberto, quien junto con Enrique también dirigió el programa.

A partir de entonces, la gente empezó a ver cada semana ese programa, que, sin imaginárselo, se convertiría en un éxito ¡que duraría más de 50 años!, traducido a muchos idiomas y, además, con el tiempo, ¡los llevaría a hacer giras internacionales en centro y Sudamérica!

Para mi papá, esto resultó en una bendición ya que, por primera vez, tendría un sueldo bueno y fijo, sin hacer a un lado el hecho de que, también, ¡la gente empezó a reconocerlo en la calle y su fama comenzaba a crecer!

RAFAEL LEMOS DESENHOS

LA CASA DE ACOLOTITLA 19

SAN LUCAS COYOACAN

(1968)

A principios de octubre de 1968, año en que por primera vez se celebraron las Olimpiadas en México, y fue entonces cuando nos cambiamos de la casa de Mariposa, a la casa ubicada en Acolotitla 19, San Lucas Coyoacán.

Una casita también de dos recámaras, pero mucho más grandes que las de Mariposa, un baño mediano, estancia amplia, cocina y un patio frontal. -

Ahí tuvimos nuestra primera mascota, una perrita color café, de patas cortas, pero de mucha fuerza, mezcla de pastor alemán y coyote, según decía mi papá. Le pusimos el nombre de "Pequi" y mi papá le hizo una casita de madera, donde dormía.

Ya contando con 8 años, me inscribieron en la escuela primaria "Patricio Sanz" ubicada en la calle Canadá 210, a 50 metros de la casa, lo cual fue muy práctico, pues podía ir caminando.

Y a Araceli, Gabriela y Carmen, de 10, 9, y 7 años respectivamente las inscribieron en la escuela primaria de Monjas "María del Carmen Muriel", la cual, quedaba un poco más lejos que la mía.

Al lado de esta casa había una tiendita, que atendía amablemente doña Rosita y su esposo, quienes llegaron a querernos mucho y a quienes mi mamá, les pedía fiado cuando el gasto no alcanzaba.

Doña Rosita y su esposo, me contaron, cómo es que en una ocasión que su hijito se puso muy grave, mi papá al enterarse, se encargó de llevarlo al hospital junto con ellos y se esperó ahí hasta que al niño lo dieran de alta ese día. Rosita nos contó: "Don Ramón, no solo nos llevó al hospital, lo cual ya era suficiente para nosotros, ¡sino que amablemente se quedó con nosotros y se aseguró de que lo atendieran bien! Cuando mi hijito se recuperó y los doctores lo dieron de alta entonces es que regresamos juntos a la casa".

¡Jamás olvidaré eso!

Lo sobresaliente de eso es que mi papá hizo eso antes de que fuera famoso. Lo cual muestra que era un ser humano muy amoroso hasta con quienes no eran su familia. Y esto nuevamente lo demostró, poco después, en la misma casa, en una situación similar en la que Mario, el hijo de 9 años de una vecina casi pierde un dedo. Estábamos jugando con Mario y después de un rato decidimos regresar a casa. Pero Mario nos siguió y quiso entrar a la casa con nosotros, pero para impedírselo, mi hermanita Carmen cerró la puerta antes de que él pudiera entrar, sin darse cuenta de que Mario, había puesto su mano en la orilla de la puerta y que, al cerrarla, ¡uno de sus dedos se le quedó prensado! Mario, por el susto, quiso sacar su dedo, pero al forzarlo se lo cortó.

Yo me había quedado afuera, y al verlo, toque fuertemente la puerta para que la abrieran. Finalmente, mi mamá abrió la puerta y para su sorpresa, ahí estaba la mitad del dedo de ese niño, pero al verlo y sin saber qué era, lo quitó de la puerta con un *Kleenex* y lo tiró.

Le expliqué a mi mamá lo que había pasado, y al ver al niño sangrando de su dedo, le gritó a mi papá para que viniera, sin pensarlo, mi papá recogió el dedo del suelo, se subió a su camionetita, la echó a andar, y la sacó del garaje. Una vez afuera, subió a Mario y lo llevó al hospital. Horas después, regresaron, y gracias a que llevó el dedito con él, se lo pudieron injertar nuevamente y no lo perdió.

La mamá de Mario, que trabajaba todo el día, esa noche, y enterarse de lo que había pasado, fue a nuestra casa a agradecerle por lo que había hecho, a lo que mi papá respondió:

– "¡Para eso estamos vecina, para eso estamos!"

Puesto que Acolotitla era una calle poco transitada, mis hermanas y yo salíamos a jugar todos los días en la calle, y rápidamente nos hicimos de más amigos, en especial con los que vivían en la vecindad de enfrente a nuestra casa.

Un día fui a la vecindad a buscar a Mario para jugar con él, pero solo estaba su mamá quien lo había mandado a la tienda. Mientras lo esperaba me fijé que en su patio había muchas palomas y se me hizo fácil decirle a la señora que me regalara una. Bromeando me dijo:

–"Si atrapas una, te la llevas" –, pensando que no lo lograría.

De inmediato me puse a perseguir a una blanca, que del susto se escondió debajo de una mesa, rápidamente me agaché y la atrapé. La señora muerta de la risa me dijo:

–"¡Llévatela! Pero córtale las alas para que se acostumbre a tu casa".

Olvidándome de Mario y sosteniéndola firmemente, me fui corriendo a la casa e hice lo que me dijo. Minutos después llegó Mario con otra paloma, -una negra-, ya con las alas cortadas y me la dio diciendo:

–"Para que no esté solita la otra".

Le di las gracias y nos pusimos a jugar.

Mi papá también era muy amiguero, y tenía la costumbre regresando del trabajo, de detenerse a saludar a los jóvenes que, sentados en la banqueta por la noche, se ponían a tocar la guitarra. Ellos le invitaban una cerveza, y después de darle un trago, les pedía la guitarra para cantar su canción favorita; la de los Creedence *"Cuando apenas era pequeñito"*. Los chavos felices de ver a ese señor, darles ese tiempo (de hecho, nunca lo olvidaron). Una vez terminada la canción y la cerveza, se despedía y llegaba a la casa a unos pasos de ahí

Una costumbre que durante muchos años tuvimos como familia, era ir cada sábado a la casa de mi tío Germán, a lo que llamábamos "La carne asada". A mi tío Germán le encantaba invitar a la familia, incluyendo a sus papás, hermanos, y algunos amigos allegados de la familia, a comer carne de res que preparaban en un asador que tenían en su jardín, la cual acompañaban con unos deliciosos frijoles charros, aguacate y la espacialidad de mi tía Rosalía: la salsa de jitomate, cebolla y chiles asados, molida en el molcajete de piedra volcánica.

Mientras mi tío Germán preparaba todo, los tíos, sobrinos y primos jugábamos al *volibol, encantados* o *a las coleadas*, donde siempre salíamos volando los más pequeños.

A veces, el tío Ruco, escuchaba el carrito de las paletas (de hielo) pasar cerca de la casa, y nos llevaba a todos los sobrinos a la calle para que escogiéramos que paleta queríamos comer. El que no escogía sabor grosella, escogía sabor coca-cola, o uva.

Una vez que todos teníamos nuestra paleta, y darle gracias al tío Ruco, nos formábamos, del más pequeño hasta el más alto, y hacíamos el desfile, que repetíamos cada vez que nos compraban paleta, entonando el coro que nosotros mismos inventamos, diciendo: *"Soy muy feliz con mi paleeetaaa, soy muy feliz con mi paleeetaaa"*, a la vez que subíamos y bajábamos que la paleta sin darnos cuenta, se iba derritiendo. La distancia desde la puerta de la calle hasta el jardín de la casa de mi tío Germán era de casi de 100 metros.

En ocasiones, por lo menos dos veces por semana mi papá le avisaba a mi mamá que llegaría tarde en la noche y como no siempre había mucho en la despensa para comer, mi mamá me mandaba a la tienda que estaba al final de la calle, para llamarle por teléfono a mi tía Rosalía, (hermana de mi mamá), y preguntarle si podíamos ir a comer a su casa.

Entonces, yo iba a la tienda, pedía permiso de usar el teléfono, marcaba el número que me sabía de memoria: 24-47-77, (después le añadieron el 5 a los números de teléfono en México). Por lo general, contestaba Sara, la trabajadora doméstica de la casa y entonces le pedía hablar con mi tía. Cuando escuchaba la voz de mi tía al, le hacía la pregunta que también aprendí de memoria:

– "Que dice mi mamá que si podemos ir a comer a tu casa".

Casi siempre la respuesta era…

–"Sí".

Mi mamá nos arreglaba, y salíamos a la calle a tomar un taxi, que, por cierto, pagaba mi tía. Una vez que llegábamos a nuestro destino, nos poníamos a jugar, en especial mis hermanas jugaban con Rosi mi prima, quien les prestaba sus muñecas para "jugar a la comidita" o "al papá y la mamá".

De repente, escuchábamos el clásico chiflido de mi mamá, para que entráramos a comer. Casi siempre, nos servían espagueti con crema, y a veces con jamón y de tomar Orange Crush o agua de limón.

Mientras comíamos, mi tía se sentaba con nosotros a platicar mientras fumaba un cigarrillo. Y Rosita, quien era la consentida, solo nos miraba mientras se comía sus ZUCARITAS.

Después de comer jugábamos un rato más, hasta que a mi tía le parecía que ya era tiempo de despedir a sus invitados, con un simple: "Araceli, ¿te pido tu taxi?" A mi mamá no le quedaba de otra más que aceptar la sugerencia, pues era mi tía quien pagaría el taxi de regreso a nuestra casa. De otro modo, tendríamos que caminar.

Al mejorar su situación económica, mi papá pudo, por primera vez, comprarse un carro usado, -el que usó para llevar a Mario al hospital-. Y fue el papá de María Antonieta de las Nieves, quien se lo vendió

Era una vagonetita estándar Datsun 1960 color crema, la cual, a partir de entonces, sería la que usaría mi papá, para ir a trabajar al canal 8, ir a ver a su mamá, y por supuesto llevar a su familia a pasear

Recuerdo cuando mi papá nos llevó en la camioneta por primera vez a comer fuera de casa al Parían de Coyoacán, un centro comercial pequeño, donde entre otras cosas, había un lugar donde vendían flautas, (tacos largos, fritos) de carne de res deshebrada, con crema lechuga y salsa verde, que acompañamos con agua de horchata. Ahí, vi como una persona se detuvo al percatarse de la presencia a mi papá, justo en el momento en el que le daba la primera mordida a su taco. La señora se quedó parada afuera viendo directamente a mi papá saludándolo y sonriéndole a través del cristal. Mi papá se quedó quieto un tanto incómodo, pues la señora no lo dejaba de mirar. Aunque quizás al principio no entendió lo que pasaba, de repente se dio cuenta del porqué, ella se veía tan emocionada de encontrarlo. ¡Era el de la Tele, del programa de los sábados! Y, muy probablemente esa señora, lo reconoció. Mi papá al entender eso, dejó su taco, se limpió la boca, y con una sonrisa, le devolvió el saludo desde adentro. Una vez hecho eso, la señora se fue de ahí feliz de la vida y mi papá pudo terminar sus tacos.

También, nos encantó la primera vez que nos llevó a Cuernavaca una ciudad ubicada a 50 minutos de la ciudad de México, conocida como *La ciudad de la eterna primavera*.

Para empezar, nos fascinó ver por primera vez, el bosque lleno de árboles y las montañas a lo largo de la carretera "vieja", (es decir, la que no cobraba peaje) por la que viajábamos desde México a Cuernavaca.

Desde esa vez, por lo menos una vez al mes, hicimos ese viaje.

Por supuesto, siempre hacíamos una escala a mitad del camino para "ir al baño" y después comernos las tortas de huevo revuelto con cebolla que había preparado mi mamá acompañados de un vaso de Coca-cola. Ya comidos, corríamos en el campo abierto y jugábamos pelota hasta que mi papá nos chiflaba desde la camioneta donde se había quedado con mi mamá fumando su cigarro y dándole un trago a la cuba que se había preparado con la anforita de Bacardi, y lo que quedó de la Coca-cola, para entonces continuar el viaje y llegar a nuestro destino.

Llegando a Cuernavaca, mi papá nos llevó a un hotel, llamado en ese entonces "Los Canarios", en el centro de la ciudad, era algo rústico pero agradable y donde nos quedamos felices el fin de semana. Como había alberca y no sabíamos nadar, mi papá nos compró "llantas" salvavidas inflables y nos metimos a "nadar" hasta que anocheció. Después de echarnos un regaderazo, nos llevó al zócalo, donde nos compró *un hotcake con cajeta* y unos *esquites*[5]. Y después de caminar hasta cansarnos, regresamos a dormir al hotel, y al otro día regresamos a casa felices.

En 1969, mi tío Germán, decidió invertir en lo que sería su última película: "El Capitán Mantarraya". Aunque jamás fue exhibida en ninguna sala de cine, dicha película fue muy especial para la familia pues en ella participaron: Mi tío Manuel "El Loco", mi papá, mi tía Rosalía (esposa de mi tío Germán) y sus

---

5. **Esquites** o Ezquites proviene del náhuatl Ízquitl, de Icehqui 'tostar (en comal)' Los **esquites** son un antojito mexicano muy popular en todo el país, pero especialmente de la zona centro elaborado con el grano del elote.

hijos Carlos y Rosy. También Ricardo "El Pupy" y Norma "La Nena", (hijos de mi tío Manuel), y mis hermanas Araceli "La Gorda", Gabriela "La Perry", Carmen "La Gude", y yo.

En 1971, sorpresivamente mi mamá quedó embarazada, y aunque al principio le causó cierta preocupación, la verdad se puso muy feliz. Tan pronto como llegó mi papá de trabajar, y nosotros de la escuela, con lágrimas de felicidad nos dio la noticia. Todos comenzamos a brincar de felicidad. Mi papá al principio un poco serio como que no lo podía creer, pero al vernos tan felices y sobre todo a mi mamá, se unió a la celebración dándole un beso.

Conforme pasaron los meses, el vientre de mi mamá crecía cada vez más, por lo que a veces tenía que recostarse para descansar un poco, pero al hacerlo, el bebé se movía muchísimo. Entonces, nos llamaba desde su recamara y nos permitía poner nuestra mano en su panza para sentir las pataditas del bebé.

Con siete meses de embarazo, las hermanas de mi mamá le organizaron un Baby shower en casa de una de ellas donde invitaron a algunas tías, primas y amigas de la familia. Como siempre en esas reuniones la pasaron súper divertido, haciendo juegos, comiendo y platicando. Por supuesto cada invitada le llevó un regalo para el nuevo bebé.

Cuando en la noche regresó a la casa un poco cansada, entró a la recamara y cuál sería su sorpresa, al ver a mi papá parado al lado de una hermosa cuna que acababa de comprar y que había acomodado justo al lado de la ventana. Sin pensarlo, dejó sobre la cama todos los regalos que tenía en sus manos y caminando rápidamente hacia él, lo abrazó y besándolo le daba las gracias.

La mañana siguiente, mi mamá se dio cuenta que había un poco de sangre en sus sábanas, por lo que se asustó muchísimo. Mi papá fue a la tienda de al lado para usar el teléfono y hablarle al doctor, el cual le pidió que la llevara al consultorio. Al revisar y confirmar los síntomas, la diagnosticó con placenta previa, es decir, lo que ocurre cuando la placenta obstruye de manera parcial o total el cuello uterino de la madre, lo que causa sangrados graves tanto durante el embarazo como a la hora del parto. El doctor le dio reposo absoluto para evitar cualquier esfuerzo y por lo tanto cualquier riesgo para el bebé.

Para cuidarla, como éramos cuatro le ayudamos con la limpieza y aunque íbamos a la escuela nos turnábamos para faltar un día cada quien. Mi papá se levantaba temprano y preparaba tanto el desayuno como la comida antes de irse. Finalmente, a los casi nueve meses de embarazo, una mañana mi mamá se despertó con contracciones y dolores muy fuertes además de un abundante sangrado. Moviendo su hombro para despertarlo le dijo a mi papá: "¡Creo que ya! ¡Flaco, ya viene el bebé!"

De inmediato, se levantó de la cama, se vistió y con cuidado la ayudó a vestirse mientras ella se quejaba y gritaba. Al oír el escándalo mis hermanas y yo nos levantamos de la cama y asustados salimos a ver qué pasaba. Al vernos, mi papá nos dijo que nuestro hermanito ya iba a nacer y que le pidiéramos a Dios que todo saliera bien.

– "Pórtense bien hasta que regrese! y solo *La gorda* puede ir a la tienda si necesitan algo y le dicen a Doña Rosita que se los apunte."

Entonces agarró la pañalera que ya estaba lista con todo lo necesario para el bebé, y rápidamente salió de la casa. Encendió la camioneta y se fueron al hospital. Nosotros desde la puerta le mandamos un beso a mi mamá diciéndole adiós. Apenas cerramos la puerta gritamos y saltamos de alegría y empezamos a limpiar la casa, en especial la recámara de ellos para que estuviera perfecta cuando regresara con el bebé

Mi papá no regresó sino hasta ya tarde en la noche, y notamos en su cara gran preocupación.

– "Su mamita está bien, y su hermanito ya nació, solo que se quedaron en el hospital para cuidarlos".

Después de cenar nos mandó a la cama con un beso y la bendición avisando que al día siguiente se iría temprano al hospital. En la madrugada, escuchamos cuando se fue y no supimos nada hasta que, en la noche, llegó con mi mamá, pero sin mi hermanito. Lo único que nos dijeron es que estaba un poco malito y que al día siguiente irían por él. Desgraciadamente, debido a la placenta previa, aunque le hicieron cesárea a mi mamá, el sangrado provocó que el bebé tragara un poco de sangre la cual se le fue al pulmón por lo que finalmente murió. Mi mamá y mi papá quedaron devastados. Con solo ver la cunita o la ropita que con tanto cariño habían guardado, se soltaban a llorar. De hecho, creo que esa fue la única vez que vi llorar a mi papá, ella, durante días lloraba: – "Mi peludito, mi peludito" –, pues había nacido muy velludo.

Recuerdo haber guardado un ratoncito de hule que mi papá le había comprado a mi hermanito con el que me dormía todas las noches y con el que también lloraba en silencio, pues si algo hubiera querido tener era un hermanito varón. Poco después, quizás para distraer su dolor, a mi papá le dio por pintar. Consiguió unas pinturas y pinceles y en dos o tres días plasmó en la pared de nuestro patio un hermoso pueblito pintoresco, que incluía su mercado, parroquia, casitas y un acueducto. Ver ese hermoso diseño cada día era hermoso pues, aunque nuestra casa era humilde, eso la hacía especial.

LA CASA DE SAN MIGUEL 47, SAN LUCAS COYOACAN

1973-1975

Para diciembre de 1972, mi mamá decidió embarazarse de nuevo, y tres meses después otra vez nos cambiamos de casa; de Acolotitla # 19 a San Miguel # 47 en Coyoacán y el 15 de septiembre de 1973, dio a luz a una hermosa niña. Una noche de luna llena, mi papá, mirando al cielo desde su balcón, y con la bebé entre sus brazos, al observar la luna simplemente dijo: "Selene ¡Se llamará Selene!". Era una niña preciosa, con ojos azules, sonrisa hermosa y personalidad fascinante. Entre todos la cuidamos y jugamos con ella.

Selene nació en la cúspide de su carrera, disfrutando de muchas de las comodidades y beneficios que nosotros sus hermanos anteriormente, no tuvimos. Y aunque mi mamá fue una madre extraordinaria, mi papá, -al igual que con nosotros, era como una segunda mamá para Selene, ya que él la bañaba, la cambiaba, le daba de comer, y lo que más disfrutaba, era dormirla arrullándola mientras le cantaba la misma canción con la que nos arrulló y durmió a nosotros cuando éramos bebés.

"Ruuuurruuu, meeeemmmeee, ya se va a dormir, la nenaaa boniiitaa, ya se va a dormirRuuuuuurruuu, meeeemmeee, ya se va a dormiiir,Selenee, boniiitaaa, ya se va a dormir".

Para mi papá, el nacimiento de Selene, fue lo mejor que le pudo haber pasado. Sobre todo, porque tres meses atrás, una tragedia había golpeado a nuestra familia de manera impactante: el fallecimiento de su amado hermano Germán. Fuera de su fama y riqueza por su trayectoria en el cine, mi tío fue un ser humano extraordinario.

Meses antes le habían diagnosticado cáncer de páncreas, y aunque recibió diferentes tipos de tratamiento, el 29 de junio de 1973 murió.

Si alguien sufrió esta pérdida, fue mi abuela Guadalupe. Con todo, ella junto con mi tía Nena fueron quienes al otro día comenzaron el Novenario -tradición católica de rezar el Rosario completo durante nueve días para el eterno descanso del difunto-. Cada día se llenó su casa de familiares y amigos íntimos, acomodados en la escalera, en la sala, en el comedor y hasta en la cocina, y mi abuelita y mi tía hasta adelante hincadas por casi una hora frente a la fotografía de mi tío, llorando al mismo tiempo que repetían los padrenuestros y las plegarias, y atrás de ellas, mi papá y sus hermanos. Esa devoción tan abnegada de mi abuelita, y su arraigado apego a sus tradiciones, influyó de manera poderosa en mi desde que era niño. Y fue precisamente esa tendencia a lo espiritual, lo que, con el tiempo, a los 21 años, me llevó a leer por primera vez la Biblia, estudiarla y comparar lo que creía con lo que leía.

Días antes de su muerte, con el propósito de despedirse de él, antes de que se pusiera más grave, y sabiendo que ya había sido desahuciado, mi tío Antonio, y mi papá, decidieron llevarlo a que viera por última vez el mar. Manejaron hasta Zihuatanejo Guerrero donde rentaron una cabaña en una playa aislada de la gente. Según contaba mi papá, en ese lugar sucedió algo extraordinario:

Una tarde después de comer, mi tío Germán se fue a la orilla del mar y después de mirar la hermosa puesta de sol, se acostó en una hamaca que había en una palapa. Mi tío Antonio y mi papá, lo observaron desde *el porchecito* de la cabaña, mientras encendían un cigarrillo y se preparaban una cuba.

Mientras conversaban y el sol se metía, mi tío Germán se quedó dormido. De repente empezó a hacer mucho viento, cada vez más fuerte. Entonces, se dieron cuenta de que la hamaca donde él dormía, se empezó a mecer y mecer tan fuerte, que pensaron que podía caerse. Levantándose de su asiento, corrieron hacia él, quien sorprendentemente seguía dormido, Antonio, fue el primero en agarrarla, pero no tuvo la fuerza suficiente:

–"¡Ayúdame Moncho! ¡Ayúdame!" – y con mi papá colgándose de ella, tampoco lo lograron.

¡No entendían qué pasaba y les dio mucho miedo! De repente, sin más, el viento se detuvo y la hamaca también y mi tío Germán, siguió dormido. Nunca entendieron que causó ese evento, el cual, no contaron, sino hasta días después de la muerte de mi tío.

En la Agencia Eusebio Gayosso de la calle Sullivan en la colonia San Rafael, Ciudad de México, durante dos días, amigos, familiares, compañeros actores y actrices, acudieron a la capilla ardiente[1] donde descansaban los restos de Germán.

***

Para recordar a mi tío, -meses después del nacimiento de Selene- mi papá organizó una carne asada a la que invitó a sus hermanos y a su mamá. Nos pusimos felices pues era la primera vez que vendrían a nuestra nueva casa, la cual de todas siempre fue mi favorita.

Era una casa estilo Colonial, con dos balcones hacia la calle y otro hacia el patio donde había un gran árbol de Hule, uno de ciruelas y uno de duraznos. También tenía una fuente en una esquina y por supuesto el asador donde mi papá cocinaría la carne para su familia.

---

1. En la actualidad, las capillas ardientes se suelen montar tras la muerte de un personaje de relevancia para la sociedad con el fin de que sus admiradores o fieles puedan pasarse a despedirse de su ídolo o persona de culto.

Para su sorpresa, cuando se disponía a poner el carbón en el hueco del asador, se dio cuenta de que una de mis palomas había hecho su nido ahí.

Al verla, le dio mucha ternura y hasta le improvisó un techito de madera encima de la parrilla para protegerla de la lluvia y del viento. Cómo los invitados estaban esperando la comida, se fue rapidísimo al mercado de Coyoacán que quedaba muy cerca, compró un anafre, y ahí preparó la carne.

Días después, nacieron dos pichoncitos y de ahí en adelante se multiplicaron rápidamente. Mi papá hasta les hizo un palomar de madera con cuatro compartimentos y lo colocó arriba del árbol de hule para que tuvieran donde anidar y dejar "libre" el asador. Con el tiempo llegaron a ser casi 20 palomas, a las que les iba poniendo nombre de jugadores de fútbol. Me dio mucha risa, cuando descubrimos que al que le había puesto "Pelé" por su plumaje negro y pensando que era machito, fue la que había puesto los huevos en el asador.

Un día mi papá llegó con tablas de madera y su herramienta. Se dedicó a cortar, clavar y pegar. Para esa misma tarde, ya estaban listas unas literas para mis hermanas con todo y escalera para la cama de arriba. Verlo trabajar, construir y crear cosas para nosotros era increíble, pues no solo estaba muy bien hecho, sino que las hacía con mucho amor.

Yo todavía dormía en mi catre en el mismo cuarto con mis hermanas, pero como íbamos creciendo, mi papá pensó que era tiempo que mis hermanas tuvieran su privacidad y yo la mía, por lo que contrató a un albañil para que pudiera restaurar las paredes del cuartito de servicio que estaba en la parte de atrás de la casa, para que yo tuviera mi propio espacio.

Un día llegué de la escuela y mi papá me llevó a conocer por primera vez mi cuarto. ¡Se veía increíble!, pues no solo habían resanado y pintado las paredes. Sino que hasta había pegado unos posters que me compro y que le daban un ambiente muy padre. Además, también me sorprendió ver   que me había hecho una cama de madera, similar a la de mis hermanas. Me encantó tener por primera vez en 12 años, mi propio cuarto, preparado, decorado y equipado por mi papá. Hasta el día de hoy sigo preguntándome ¿cuántos niños, - ricos o pobres - duermen en una cama hecha por su papá?

LA CASA DE TAURO 167, COLONIA PRADO CHURUBUSCO

1975-1979
Nuevos ricos

Para 1975, los programas de televisión más vistos en México y otros países de centro y Sudamérica eran El chavo del 8 y El Chapulín Colorado, a partir de entonces, los ingresos de mi papá aumentaron extraordinariamente ya que no solo ganaba dinero de las grabaciones del programa sino, además y mucho más, por lo que ganaba en las giras que hacían durante el año a todo Centro y Sudamérica.

En esas giras a mi papá le pagaban en dólares y cuando llegaba a la casa, después de abrazarnos y besarnos y darnos los regalos que nos había comprado, se acercaba a mi mamá y sacando de su mochila unas bolsas de plástico le decía:

—"Aquí están los tamales mi vida"

Y tiraba sobre su cama las bolsas, las cuales estaban llenas de dólares. ¡Fue increíble la cantidad de dinero que llegó a ganar! Entonces nos mudamos a la colonia Prado Churubusco. Esta quizás fue la casa rentada más grande y elegante donde vivimos.

Era de dos pisos, en la planta alta había dos baños completos, tres recamaras, la más grande para él, mi mamá y mi hermanita Selene, quien para entonces contaba con tres añitos, la segunda recamara para mis hermanas Araceli, Gabriela y Carmen y la tercera, para mí.

También tenía un estudio y un área para ver televisión, con un sillón donde mi papá recostar su cabeza sobre las piernas de mi mamá, mientras ella le hacía "boche", es decir, con un fósforo y con mucho cuidado, mi mamá le hacía cosquillas en la oreja, introduciéndolo en el oído y dándole vueltecitas, lo cual era una de las cosas que a mi papá más le encantaba mientras miraba la televisión hasta que se quedaba dormido.

Aunque a mi papá le gustaba vivir sencillo y sin lujos, le dio a mi mamá por primera vez, el gusto de embellecer esa casa a su estilo. Para eso obtuvo un crédito en "Comercial Mueblera Bakal" donde compró ¡toooodo lo que ella quiso!: Un comedor, estilo provenzal para ocho personas, una sala también provenzal, con tres sofás; uno para tres personas, uno para dos y otro para una, una mesa de mármol redonda para el centro de la sala, una recamara con cama Queen size con su cajonera y una luna gigante. También, mandó a hacer cortinas muy elegantes para toda la casa, y la mandó a alfombrar desde la planta baja hasta la alta.

A partir de entonces, muchas de las fiestas importantes de la familia, como las navidades y años nuevos, se hacían ahí. Asistían familiares, tanto de los Valdés, como de las Julián, hermanos, sobrinos, tíos, tías, y muchos amigos de ambas familias.

Mi mamá se lucía cocinando para todos. Hacia "su famoso Soufle", o el lomo de cerdo adobado y como para entonces, también tenía dos señoras que le ayudaban, Francisca y Juanita entre las tres se organizaban para preparar comida para casi 50 personas o más.

Casi siempre mi papá comenzaba a tomarse su primera cuba libre, antes de que llegaran los invitados, y conforme iban llegando, él les ofrecía lo que quisieran de tomar. Puesto que era un bohemio, disfrutaba muchísimo la música; no solo escucharla, sino cantarla también, acompañado de su guitarra. De hecho, fue mi mamá quien le enseñó a tocarla, y aunque él no tenía una gran voz, si tenía un gran sentimiento.

Mi papá amaba escuchar sus cantantes y canciones favoritas una y otra vez, tanto en la casa como al viajar en carretera en su camioneta Rambler azul 1975..

Fue también en esta casa donde mi papá se dio un regalo de cumpleaños, que al final todos disfrutamos: Una consola Stromberg Carlson, donde podía escuchar a todo volumen y con alta fidelidad los muchos discos que llegó a comprar tanto en México como en los países que para entonces visitaba junto con el grupo de Chespirito, en las giras a Centro y Sudamérica. Entre sus favoritos estaban: Los Cuñaos 4 de Venezuela, Chuck Mangione, Celia Cruz, El concierto de Aranjuez de Joaquín Rodrigo, Tito Rodríguez y Los Creedence, entre otros.

Por eso, una vez que habían terminado de cenar, escogía uno de sus discos y les avisaba a los invitados.

– "¡Por favor escuchen esto! y ponía el de los Cuñaos a todo volumen, causando que al escucharlo a todos se les erizara la piel.

Las fiestas a veces terminaban hasta el día siguiente y los que se quedaban hasta entonces, disfrutaban del "recalentado"[2].

---

2. Una de las costumbres más comunes en las familias mexicanas es el **recalentado**, una práctica que consiste en volver a calentar y comer el guiso de la noche anterior. Cuando se trata de Navidad y Año Nuevo, los días en los que nadie quiere cocinar algo nuevo, el **recalentado** es la mejor opción

Recuerdo una vez, en que después de una gran fiesta desperté sobresaltado como a las tres de la mañana escuchando música a todo volumen incluyendo las percusiones de unos bongos. Bajé las escaleras imaginando que como en otras veces los invitados y mis papás seguían en la fiesta, pero al ver todo oscuro, pensé que se les había olvidado apagar la consola. Entonces encendí una luz, y para mi sorpresa, ahí estaba mi papá solo, sentado al lado de la bocina inspiradísimo tocando los bongos con mucha energía, al ritmo de una de sus piezas musicales favoritas: "Land of make believe" de Chuck Mangione. Estaba tan concentrado y disfrutando tan intensamente de la música, que ni siquiera notó mi presencia o la luz que había encendido, por lo decidí mejor no cortarle la inspiración. Sin hacer ruido, apagué la luz y me fui a mi cuarto. Sobra decir que este concierto también se extendió hasta que amaneció.

LA CASA RODANTE

Otro gusto que en ese tiempo se dio mi papá, fue comprar un camper o movil-home. No era nueva ni muy grande, pero él la equipó con cocina, lavabo, refrigerador, asientos y una cama matrimonial. Durante el año en que la adquirió, cada vez que podía, nos llevaba a pasear y a quedarnos en un trailer park donde "acampamos" uno o dos días.

Desgraciadamente, en una ocasión en que solo llevo a mi mamá y a Selene, tuvieron un peligroso incidente. Los que instalaron la estufa en el camper habían colocado el pequeño tanque de gas debajo de uno de los asientos, frente a la mesita que servía de pequeño comedor, y aunque mi papá lo sabía, esa vez no se dieron cuenta que tenia una fuga, que de alguna manera resultó hasta cierto punto afortunado al disminuir la cantidad de gas en el cilindro. En la noche mientras platicaban y se tomaban unas *cubas*, mi papá encendió un cigarrillo y segundos después explotó el tanque precisamente debajo de donde él estaba sentado. Gracias a la estructura de madera del asiento y que había poco gas, la explosión solo le causó algunos moretones y quemaduras superficiales en sus pantorrillas y a mi mamá y a Selene solo un gran susto. A partir de ese incidente que pudo haber sido peor, decidieron mejor venderla.

UNA CASA EN CUERNAVACA

Precisamente para cuando decidieron vender el camper, mi mamá se enteró que había una muy buena oportunidad de comprar una casa en Cuernavaca. Por eso, tan pronto como tuvo el dinero en sus manos, llamó al vendedor, concertó una cita con el dueño de la propiedad, y se fueron a la notaría donde después de hacer el pago correspondiente, firmaron las escrituras.

Gracias a que mi mamá había ahorrado algo de dinero junto con lo que recibieron de la venta del camper, mi papá por primera y única vez, tuvo una casa propia, y ya no pagaría renta.

Esta se ubicaba en la calle de Sabino #100 en la colonia Rancho Cortés, en Cuernavaca Morelos. Más que una gran casa, tenía un bungalow grande con cocina, baño closet y una gran estancia donde estaba la cama king size de mis papás, la sala y el comedor, todo junto como si fuera una suit de un hotel. Lo que sí era muy grande, era el hermoso jardín de dos niveles, lleno de plantas, flores y palmeras de diferentes tipos. Con el tiempo, mi papá le mandó hacer una alberca.

Durante algunos años disfrutamos como familia de esa casa, sobre todo por la noche, viendo el cielo estrellado, escuchando los grillos, y a mi papá tocando la guitarra y cantando sus canciones favoritas. -Por cierto, fue en esa casa donde tomé Champagne por primera vez, y lloré con mi papá lo cual les platiqué en un capítulo anterior.

¡Un auto último modelo!

En 1976, época en que mi papá vivió el clímax de su carrera como actor interpretando a "Don Ramón" en la serie "El Chavo del 8", decidió comprarme con motivo de mi próxima graduación de secundaria, un auto último modelo. Una GREMLIN X automática de lujo. Claro, no solo yo la usaría para ir a la secundaria o a mis clases de inglés o a pasear con mis amigos. También mi mamá para hacer las compras y en ocasiones mis hermanas, quienes para ese tiempo ya andaban de novias.

La verdad, yo solo quería un *Vochito*[3] o un *Renolito*[4] usado, y es que mis primos ya tenían su carrito y como todo joven, yo quería el mío. De hecho, originalmente mi papá había decidido comprarme *el Renolito* verde usado que habíamos visto, pues después de todo, me serviría para aprender a manejar, pero más que eso, no quería comprarme algo que quizás no valorara o que se me subiera a la cabeza. Sin embargo, cambió de opinión, cuando conversando con el papá de mis primos por alguna razón, - quizás por envidia - ¡le dijo que no me comprara nada! ¡Ni siquiera uno usado!.

Aunque mi papá nunca fue vengativo en esa ocasión sí quiso darle una lección al tío, o como él decía: "Darle con guante blanco", y la verdad tuvo razón, pues por un tiempo mis primos me dejaron de hablar.

De todos modos, mi papá se aseguró de decirme que tuviera cuidado de no presumir o creerme más importante por tener un coche así. Que lo usara para compartir y ayudar a quien lo necesitara, y así lo hice.

---

3. Término que se usa en México para nombrar un auto de Volkswagen "Tipo 1" (comercializado por la marca como Käfer, Beetle, Escarabajo, Sedán o Fusca, **Vocho**, entre otros nombres) Vocho, **se dice** que nació en la Segunda Guerra Mundial, cuando los alemanes estaban en plena ocupación en Francia y **se** les designó el apodo **de** «boches», que significa «asnos», haciendo referencia **a** que eran torpes y tontos.
4. Término para referirse a un auto de la marca Renault de modelo pequeño.

Desde entonces fue muy divertido pasear en la ciudad, o irnos como familia en ese coche cada fin de semana a la casa de Cuernavaca que, por cierto, a principios de 1981 mi mamá, decidió vender.

Teatro al aire libre de la Media Torta 10 de diciembre de 1978. Bogotá, Colombia

ÁLBUM DE FOTOS

Última foto de mi bisabuelo Rafael.

Plaza de toros La Florecita.

Acapulco. Mi tío German, mi papá y mamá de novios, mi tío Julio detrás de ellos.

Veracruz. Mi tio Cristobal el "Ruco", mi tía "Nena",
mi abuelita Guadalupe.

Arriba: Pedro y su esposa Otilia, Armando, la "Güera" su esposa, un
amigo. Abajo: Mi papá con los hijos de Armando.

Mi papá antes de hacerse
el tatuaje. La "Nena",
Antonio el "Ratón".

Fiesta en casa de "Tin Tan".

La boda de mis papás. Mi abuelita Guadalupe.

La recepción con familia y amigos.

Rafael G. Valdéz

y

Guadalupe C. de Valdéz

tienen el gusto de participar a Ud,
el enlace de su hijo

Ramón

con la señorita

Araceli Julián Tato

Julio Julián Z.

y

Araceli T. de Julián

R   *A*

Tienen el gusto de participar a Ud.
el enlace de su hija

Araceli

con el señor

Ramón Valdéz C.

Y se complacen en invitar a Ud. y a su apreciable familia a la Ceremonia
Civil que tendrá verificativo el día 12 del presente a las 22 hs en la
casa No. 89 de la calle de Miguel Angel (Mixcoac).

México, D. F., Abril de 1957.

INVITACIÓN

La casa de Acolotitla.
Mi papá, Gabriela, yo y la Pequi

La casa de cuernavaca.

La casa de San Miguel.

ESTADIO "JALISCO"
"Jalisco" Stadium
Guadalajara, Jal. México

TARJETA POSTAL
POTOCOLOR
Impreso en Mex

Pub. por Delfino Oliva, Abasolo 675, San Luis Potosí, S. L. M.

80 CTS
CORREO
AEREO
MEXICO

MI QUERIDO PETERETITO.
LE PIDO A D, OS QUE ES-
TÉS BIEN, Y TE PORTES
MEJOR CO TU MAMITA
CHULA, CUIDA A TUS HER
MANITAS YA TU MAMI
BESALA MUCHO. Y QUIE
RELA MAS. DIOS MEDIAN
TE PRONTO NOS VEREMOS
Y NO QUIERO QUE LAS DETI
ESCRIBELE A TU PAPA
RAMON—

NIÑO
ESTEBAN
MARIPOSA
COYOACAN
MEXICO 13. D. F

POSTAL QUE
ME ENVIÓ MI PAPÁ

PRESENTACIÓN
CON "QUIKO"

DE GIRA EN

ARGENTINA

Recuerdo de... *El viejo Almacén*

Independencia y Balcarce
Buenos Aires — **ARGENTINA**
TEL. 33-3921/3502/3503/1407

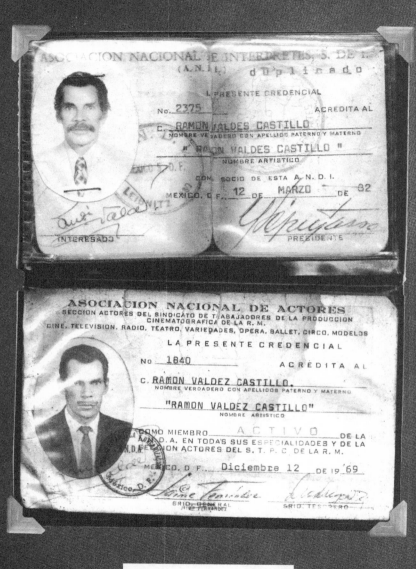

ASOCIACION NACIONAL DE INTERPRETES, S. DE I.
(A.N.I.I.)   duplicado

LA PRESENTE CREDENCIAL

No. 2375   ACREDITA AL

C. RAMON VALDES CASTILLO
NOMBRE VERDADERO CON APELLIDOS PATERNO Y MATERNO

" RAMON VALDES CASTILLO "
NOMBRE ARTISTICO

COMO SOCIO DE ESTA A.N.D.I.

MEXICO, D. F.   12   DE   MARZO   DE   82

INTERESADO   PRESIDENTE

ASOCIACION NACIONAL DE ACTORES
SECCION ACTORES DEL SINDICATO DE TRABAJADORES DE LA PRODUCCION
CINEMATOGRAFICA DE LA R. M.
CINE, TELEVISION, RADIO, TEATRO, VARIEDADES, OPERA, BALLET, CIRCO, MODELOS

LA PRESENTE CREDENCIAL

No 1840   ACREDITA AL

C. RAMON VALDEZ CASTILLO.
NOMBRE VERDADERO CON APELLIDOS PATERNO Y MATERNO

"RAMON VALDEZ CASTILLO"
NOMBRE ARTISTICO

COMO MIEMBRO   A C T I V O   DE LA
A.N.D.A. EN TODAS SUS ESPECIALIDADES Y DE LA
SECCION ACTORES DEL S. T. P. C. DE LA R. M.

MEXICO, D F.   Diciembre 12   DE 19 '69

SRIO. GENERAL
JORGE FERNANDEZ   SRIO. TESORERO

CREDENCIALES

Acapulco Hotel El Mirador - 1975.

"Los Tres Mosqueteros y medio" - 1957.

VISITA AL
CIRCO ATAYDE

Con su hijo Joe.

Obra de teatro "¿Qué hago con las 3?" en los 60's.

Bañando a su nieta.

Ramón con sus hermanos
en el hospital.

Llegando de un viaje.

LA MALDICIÓN
ATACÓ DE NUEVO

A principios de 1987, Carlos Villagran "Quiko", invitó a mi papá a trabajar con él. En esa ocasión se trató de una serie de televisión creada por el mismo Carlos, para la cadena *Imevisión* de México (hoy TV Azteca) llamado "¡Ah que Kiko!, en la que mi papá hacía el papel del dueño de una tienda de abarrotes donde al principio llegaba Kiko a comprar, pero después es contratado para trabajar ahí.

En total solo se produjeron 29 episodios, ya que dicho programa no resultó tener el éxito que se esperaba, dando por terminada la temporada a principios de 1988.

Fue durante las grabaciones de los últimos episodios, que mi papá empezó a padecer dolores intermitentes pero intensos en su espalda y en su pierna izquierda sin saber qué era lo que los causaba y, aunque probó diferentes tratamientos, lo más que lograban era reducir un poco los dolores, pero no desaparecerlos.

Según cuenta Carlos, había veces que mi papá llegaba a grabar y si se sentía bien, filmaban las escenas según el orden del guion, pero cuando llegaba y andaba adolorido o quejándose, lo que hacían era grabar primero sus escenas y después las demás, de manera que terminando podía descansar o irse a su casa.

En ese tiempo, él vivía con su esposa Claudia y sus hijitos en la ciudad de Toluca, situada a unos 70 km al norte de la Ciudad de México, y cuyo clima en ocasiones llega a ser extremadamente frío, lo que le causaba más molestias a su cuerpo. Por eso, cada vez que podía, nos visitaba en Cuernavaca, ciudad con un clima mucho más cálido, y aunque eso le ayudaba, todavía se quejaba y nos pedía que le sobáramos la espalda mientras se tomaba una cerveza y miraba el fútbol u otro programa.

En una de esas visitas, llegué de trabajar y vi que estaba recostado en la recámara de Gabriela mi hermana, quien me dijo que había tenido dolores muy fuertes otra vez. Entonces recordé que un viejito a quien yo visitaba regularmente para leerle la Biblia, me había dicho que él usaba una pomada para dolores intensos y que se los aliviaba de inmediato, rápidamente fui a pedirle un poco. Para mi sorpresa la pomada era *Mamisan*, de uso veterinario efectivo para dolores y lesiones en las ubres de las vacas, pero como el viejito me la recomendó tanto, pensé que le serviría, le quite su camiseta y dándole un masaje en toda la espalda, le unte la pomada, que por cierto tenía un olor muy agradable a eucalipto. De inmediato sintió un gran alivio y se relajó tanto que se quedó dormido. Me sentí feliz por haber encontrado algo que por fin le había ayudado. Más tarde, comió algo y se regresó a Toluca, por supuesto sin olvidar llevarse la pomada.

Luego, me enteré que esa noche le regresó el dolor, pero con más intensidad, y aunque al usar la pomada sentía alivio, por alguna razón, también tenía un efecto contraproducente, por lo que mejor dejó de usarla.

Al día siguiente de estar en Cuernavaca, se fue a los estudios de *Imevisión* para grabar el que sería el último programa de "Ah que Kiko". En ese episodio, una vecina envidiosa, desafía a "Don Ramón" a acudir a un panteón a las 12 de la noche para enfrentarse a un duelo a muerte con su esposo. Puesto que ese día mi papá se sentía muy cansado, se decidió que hiciera sus escenas primero. Sin que nadie se imaginara lo que unos meses después sucedería, la última escena que grabó fue en un panteón:

> *Es de noche y hay mucha bruma. Entonces aparece Don Ramón caminando lentamente hacia las puertas del panteón buscando a su contrincante. Después de mirar por todos lados decide entrar. Una vez dentro, cierra las rejas y camina hacia las lápidas donde debido a la densa neblina desaparece.*

A pesar de que las molestias y dolores no lo dejaban en paz, y, sobre todo, sin saber qué era exactamente lo que las causaba, mi papá en ningún momento se dio por vencido y siguió trabajando incluso haciendo algunas presentaciones con el Circo de "Don Ramón". Todo esto para poder sufragar sus gastos, mantener a su familia en Toluca y ayudar a mi mamá con algunos gastos para ella y mi hermana Selene.

Fue entonces que recibió una muy buena noticia. Mi tío Toño, *El Ratón*, - quien para entonces era su representante -, había firmado un contrato con empresarios de Lima Perú para una gira de mes y medio, para presentarse con su circo en el país y hacer unos comerciales para televisión. Mi papá se puso feliz pues el pago era en dólares y mi tío había logrado que le dieran un adelanto de dinero como garantía.

Después de preparar todo para el viaje, incluyendo pasaportes y visas, el miércoles 18 de mayo del año 1988 viajó junto con mi tío Antonio, de Ciudad de México a la Ciudad de Lima haciendo escala en Bogotá.

Durante casi todo el vuelo a Bogotá, - que dura casi 6 horas, mi papá se sintió muy bien. Comió, se tomó unas cervezas y hasta se durmió. Pero durante la última hora sintió unas punzadas en su pierna, por lo que se paró a estirarse y caminar un poco e ir al baño. Al salir del baño estaba el área de cocina y bar, por lo que aprovechó la oportunidad y les pidió a las asfaltas que le sirvieran una cuba libre. De inmediato una de ellas se la dio y se quedó bromeando y platicando con ellas.

Ya para aterrizar, las sobrecargos amablemente le pidieron que regresara a su asiento, entonces para hacerlas reír todavía más, mientras se iba a su asiento, les hizo la clásica cara de enojo de "Don Ramón" lo que les causó tanta risa que hasta los pasajeros voltearon a ver qué sucedía.

En la escala que hicieron en Bogotá, inesperadamente, mi papá se cayó mientras bajaba la escalera del avión. Mi tío y los que estaban al lado de él se asustaron mucho, pero de inmediato lo ayudaron a levantarse. Al terminar de descender, notaron que se quejaba, por lo que pensaron que se había lastimado, pero él les dijo que estaba bien, mientras se sacudía el polvo de las manos y diciendo una de sus frases favoritas: "Está todo pagado" que significaba: Todo está bien y, tras una breve pausa, tomó aire y siguió caminando, aunque cojeando un poco y tomando con fuerza el brazo de mi tío.

Después de pasar por migración, se fueron a un restaurante para descansar, y comer algo mientras llegaba la hora de tomar el vuelo de conexión a Lima. Ya en el avión, mi papá se la pasó sobándose los hombros y su pierna, pues sentía dolores y punzadas agudas que iban y venían. Para relajarse un poco y según él, mitigar el dolor, aprovechó que el vuelo incluía servicio de bar, por lo que estuvo pidiendo *jaibol* y *tequila*, que de cierto modo le ayudaron. Las azafatas felices disfrutaron de atenderlo, pues cada vez que le llevaban su bebida, les lanzaba un piropo o les hacía una broma y se morían de risa.

Como en ese entonces en los aviones había sección de fumadores, no paró de encender un cigarrillo tras otro y ya entonado por el alcohol, se puso a cantar un poco acompañándose de una pequeña guitarra que habían comprado en el aeropuerto de Colombia. La gente en el avión, feliz disfrutando al escuchar a "Don Ramón", por lo que le aplaudían al terminar cada canción.

Al verlo tan feliz mi tío pensó que ya se sentía bien; sin embargo, la realidad es que mi papá al cantar simplemente estaba tratando de ignorar los dolores que todavía sentía en su cuerpo. Después de comer algo, se fumó otro cigarro, y ya más relajado se acomodó para dormirse un rato.

Finalmente, después de casi tres horas de vuelo, llegaron al aeropuerto de Lima. El personal del avión les ayudó para que fueran los primeros en desembarcar y a dirigirse al área de migración y aduana. Una vez con todo listo y su equipaje, se dirigieron lentamente hacia la salida, -mi papá iba agarrando fuertemente el brazo de mi tío y cojeando-. Entonces salieron hacia los pasillos donde los esperaba uno de los empresarios que lo habían contratado. Cuando notó la dificultad para caminar de mi papá, le ofreció su brazo para apoyarse también en él y salir a la calle donde tenía ya listo el vehículo que los llevaría al hotel Lima Hilton.

Al llegar les tenían preparado un pequeño cóctel de bienvenida, y una rueda de prensa. Mi papá estaba muy cansado y con molestias pero aún así atendió a los reporteros diciéndoles que, aunque le dolía mucho su pierna, la felicidad de saber que la gente de Lima lo quería tanto le daba fuerzas para no rendirse. Convivió un poco con los empresarios y después de un rato, les dio las gracias y de inmediato se fue a descansar a su cuarto. Mi tío Antonio lo acompañó, esperó a que mi papá se bañara, y una vez que se aseguró que todo estaba bien con él y se acostara, bajó de nuevo al lobby para convivir un poco más, y saber cuál sería la agenda de trabajo.

Al otro día mi papá se sentía mejor, aunque todavía con molestias, y mi tío cansado y con resaca. Después de echarse un baño se alistaron y bajaron al restaurante a desayunar.

Ese día tuvieron otra rueda de prensa en otro lugar para dar publicidad a sus presentaciones la cual fue un éxito, ya que reporteros de televisión y diferentes diarios estuvieron presentes. Tenían programado también para ese día, ir al lugar donde se presentarían con el circo, pero como mi papá comenzó a sentirse mal otra vez, decidieron regresar al hotel para que descansara y entonces mi tío junto al empresario visitarían el lugar de trabajo sin él.

Esa tarde, mientras mi papá descansaba, le llamaron de la recepción para avisarle que los directores de la empresa de publicidad de *Bom Advertising* para *Turrones San José* estaban en el Lobby y querían hablar con él. De inmediato se levantó, se echó agua en la cara, se peinó, se puso una camisa presentable, y como siempre, se echó perfume. Entonces bajó al lobby y se fueron al restaurante del hotel. Después de explicarle acerca de los comerciales para los turrones, que se harían en un solo día y que le pagarían 3000 dólares, mi papá sin pensarlo, firmó el contrato. Cuando llegó mi tío, mi papá emocionado le platico lo que había firmado y lo que le pagarían por solo un día de trabajo. Sin embargo, mi tío se quedó sin palabras mirándolo fijamente mientras mi papá le repetía - "¡Tres mil dólares! ¿No te da gusto Ratón?" -. Pero mi tío seguía sin decir nada notablemente molesto. Y es que mi tío sabía que a otros artistas les habían pagado el doble de dinero por el mismo contrato, y él como representante era quien firmaba o no, cualquier acuerdo. Entonces le dijo a mi papá que él se encargaría de corregir ese asunto, por lo que se comunicó con los directores de la empresa y los citó para el día siguiente.

La mañana del viernes, mi tío bajó al restaurante donde ya lo esperaban los directores quienes no disimulaban su cara de incertidumbre. Después de saludarlos amablemente les explicó que no estaba de acuerdo con la cantidad que ofrecían pagar, y que el contrato que habían firmado no era válido, ya que era él mismo, la única persona que legalmente podía firmar cualquier convenio o contrato a nombre de Ramón Valdés. Mientras se explicaba así a los empresarios, extendió sobre la mesa la *carta poder* que mi papá le había otorgado y tomando el contrato y levantándolo frente a su cara, lo rompió. Sorprendidos, se voltearon a ver y lo único que dijeron fue –"¿Cuánto quiere entonces para firmarlo ahora?". Mi tío mirándolos fijamente y con convicción les pidió 7,500 dólares, y, aunque se sorprendieron, finalmente lo aceptaron, pues, aunque de por si sus productos siempre se han vendido muy bien, el que mi papá lo anunciara seguramente incrementaría las ventas muchísimo más. En ese momento firmaron el contrato y al día siguiente los citaron para la filmación.

Cuando mi tío subió al cuarto y le mostró a mi papá el nuevo contrato, se puso muy feliz, y dándole un gran abrazo le agradeció lo que hizo. Después bajaron nuevamente al restaurante y después de comer se fueron al bar del lobby a celebrar.

Al otro día, después de desayunar se dirigieron hacia la puerta del hotel donde los esperaba el chofer que los llevaría a donde se filmarían los comerciales.

Ese día mi papá se sintió súper bien y con mucha energía por lo que los comerciales quedaron perfectos y los directores estuvieron felices por el entusiasmo con el que "Don Ramón" anunció su producto. Una vez terminada la grabación se despidieron y regresaron al hotel a descansar.

De manera altruista, además de los contratos para el circo y de los Turrones San José, mi papá se había comprometido a participar en una campaña especial para animar a los jóvenes a alejarse de las drogas: **"¡Vengo a luchar contra las drogas! Dice, Don Ramón"**-, anunció un diario de Perú refiriéndose a dicha campaña. También haría una función para recaudar fondos a beneficio de **"Los niños de Perú",** fundación cuyo objetivo principal es mejorar la calidad de vida de niños que viven en aldeas o albergues infantiles hasta los 12 años para después continuar sus estudios respaldados por la fundación.

Durante la siguiente semana, los dolores en la espalda iban y venían, pero lo que más le preocupaba era el hecho de que por momentos sentía que las piernas le fallaban. La realidad es que lo que le pasó al bajar del avión en Colombia no fue un tropezón: al ir bajando, sus piernas le fallaron como si fueran de trapo y por eso se cayó. Él no dijo nada para no preocupar a mi tío, pero de hecho ese fue el primer aviso de lo que estaba por suceder de manera permanente: perder por completo la sensibilidad y movilidad de sus piernas.

Desde que llegaron al hotel, tanto mi papá como mi tío tenían su propia habitación, claro, la de mi papá era de más *caché*[5], pero cuando sus síntomas fueron empeorando, le pidió a mi tío que mejor durmieran en la misma habitación

Un día al despertarse, como cada mañana, a mi papá le dieron ganas de ir al baño, pero al querer sentarse en la cama, sus piernas no se movieron, lo que le causó mucha angustia, ya que esta vez tardaron más en responder. Pensó despertar a mi tío, pero prefirió no hacerlo. Después de hacer un gran esfuerzo y jalando sus piernas logró sentarse. Asustado todavía, no se dio por vencido, encendió un cigarrillo y comenzó hacer unos movimientos y giros con su torso, y al estirar su espalda - de manera sorpresiva - sintió de nuevo las piernas y las pudo mover, lo que le dio cierta tranquilidad. Entonces, después de terminar su cigarro, con dificultad levantó y se fue al baño lo más rápido que pudo, apenas con tiempo para poder sentarse y hacer sus necesidades.

Cuando salió, mi tío ya despierto, lo vio y notó que su rostro estaba desencajado por lo que le preguntó cómo se sentía. Mi papá no le respondió, solo caminó con cuidado al sillón y después de sentarse le dijo que, si no mejoraba, muy probablemente tendrían que cancelar o posponer sus presentaciones.

---

5. Caché, puede usarse como sinónimo de elegancia o refinamiento "Será una fiesta de mucho caché".

De inmediato, mi tío se levantó y se acercó a él para abrazarlo y animarlo diciéndole que no se preocupara, que si fuera necesario cancelar estaba de acuerdo; sin embargo, le dijo que antes de cualquier decisión verían a un Doctor para que le diera un diagnóstico y entonces saber la causa del problema, pero sobre todo si había solución.

En el consultorio, después de escuchar los síntomas, lo primero que hizo el médico fue una prueba de sensibilidad en los pies para ver hasta qué grado le estaba afectando el problema. Hizo que mi papá se recostara y que cerrara los ojos. Entonces, fue probando primero la planta del pie derecho, y entonces cada dedo - uno por uno usando una pequeña aguja y una escobilla.

−"Ok Don Ramón, vamos a ver, me dice que siente: el piquete o las cosquillas".

Mi papá le iba diciendo, según lo poco que percibía, pues todavía le quedaba algo de sensibilidad en ese pie. Pero cuando hizo la prueba en el izquierdo, para sorpresa de todos, desgraciadamente, aunque podía moverlo ya no sentía nada.

Inmediatamente después, le hicieron rayos X, para saber si había alguna lesión en su cadera o columna. Al analizar las radiografías el médico observó que en ciertas partes de la cadera y espalda baja aparecían unas manchas oscuras que -según su opinión- podía ser osteoporosis de grado avanzado; lo que podía estar causando cierta obstrucción de los nervios de la espalda y por lo tanto la insensibilidad en sus piernas. Entonces habló con mi tío a solas y le dijo que, aunque harían más estudios médicos, muy probablemente requería una cirugía que podría incluir un reemplazo de cadera, y que si lo autorizaban y mi papá estaba de acuerdo podía programar la operación. Pensando que eso le ayudaría a recuperar su sensibilidad y movilidad, pero sobre todo le hizo saber, que era urgente la atención, pues independientemente de la causa, en cualquier momento mi papá ya no podría caminar.

Mi tío, quedó sorprendido por el diagnóstico y, aunque lo que el doctor dijo parecía una buena opción, después de hablarlo con mi papá, decidieron que lo mejor sería regresar a México y atenderse ahí.

En el taxi, de regreso al hotel, ninguno de los dos decía nada. Mi papá miraba por la ventana, y mi tío veía la agenda de trabajo que todavía quedaba, marcando con un tache las fechas restantes en el calendario que muy probablemente ya no harían.

Llegando al hotel, mi tío se bajó rápidamente, y consiguió que un bellboy trajera una silla de ruedas, y aunque mi papá, -quizás con cierto orgullo- se molestó pensando que no la necesitaba, cuando quiso salir del taxi por sí solo, por más que se esforzó no lo logró. Al final aceptó la ayuda para sentarse en la silla y así subir a la habitación.

Ya en el cuarto, mi tío llevó a mi papá al baño, y después lo ayudó a sentarse en el sofá cerca de la televisión y pidió algo de comer a la habitación. Luego preparó unas cubas y sentándose a su lado le dijo que no se preocupara por nada, que él se encargaría de arreglar cualquier pendiente o compromiso con los empresarios del circo y que lo primero que tendrían que atender era su salud. Mi papá mirándolo fijamente, acercando su vaso al de mi tío, le dijo:

–"¡Gracias Ratón! ¡Que sea lo que Dios quiera! ¡Salud!"

Aunque mi tío pensaba que tendría un par de días más para atender los pendientes, todo cambió cuando esa noche mi papá sintió ganas de orinar y le pidió a mi tío que lo ayudara. Rápidamente terminó lo que estaba haciendo, entonces se acercó a él para ayudarlo a levantarse, pero ya no pudo sostenerse sobre sus pies. Por lo que haciendo un gran esfuerzo lo cargó en sus brazos. Fue entonces cuando desgraciadamente, observaron que, al igual que sus piernas, probablemente otros órganos le empezaban a fallar, puesto que cuando apenas lo estaba llevando hacia el baño, mi papá sin darse cuenta simplemente se orinó.

Este incidente, aunque vergonzoso e incómodo para mi papá, dejó claro que tal como el doctor había dicho, lo que fuera que estuviera causándole daño, éste iría aumentando sin retroceder. Fue por eso que mi tío tan pronto como pudo, después de hacer varias llamadas, preparó todo para que tan pronto como fuera posible pudieran tomar el primer vuelo de regreso a México y para que, llegando, se internara en el hospital.

Tan pronto como llegaron a México - después de un cansado e incómodo viaje - tomaron un taxi que los llevó directamente al Hospital Santa Elena en la colonia Roma. Como mi tío llamó desde Lima para avisarles la hora aproximada de su llegada, los médicos estaban listos para recibirlos en la entrada con una silla de ruedas para que, después de llevar a mi papá a su cuarto y darse un baño, comenzarán a hacer todos los estudios y análisis necesarios para saber cuál exactamente era la causa de su deterioro físico. Una vez que los doctores se lo llevaron para comenzar los estudios, de inmediato mi tío Toño se comunicó con Claudia su esposa, que se encontraba en su casa en Toluca y después con nosotros a Cuernavaca para avisarnos lo que había sucedido en Lima.

Recuerdo perfectamente ese día: Mi mamá, Selene y yo estábamos viendo la televisión cuando sonó el teléfono. Me levanté a contestar y, aunque me dio gusto saludarlo, se me hizo muy raro que fuera él quien llamaba y no mi papá. Fue entonces, que para mi sorpresa, me dijo que ya no estaban en Lima, habían regresado a México para internar de emergencia a mi papá.

Al escuchar eso sentí un fuerte escalofrío en la espalda y le pedí que me dijera lo que había pasado. Mi tío angustiado, con un nudo en la garganta, de manera breve me lo explicó y me dijo que a pesar del largo viaje y del problema de sus piernas, mi papá estaba muy animado y hasta alegre por creer que había la posibilidad de que con una cirugía podría recuperar su movilidad.

Tan pronto como colgué, agarré una mochila con mis cosas mientras le explicaba a mi mamá y a Selene lo que había sucedido y que me iría a la terminal para tomar el primer autobús a México. Mi mamá se quedo pasmada y no lo podía creer; observé en su rostro gran preocupación. Selene de 15 años no entendía bien lo que yo decía, por lo que me pidió que le diera más información de lo que estaba pasando. Entonces me tomé unos minutos, me senté a su lado, y le expliqué sin dar muchos detalles. Les prometí que tan pronto como llegara al hospital y supiera algo les avisaría. Antes de salir de la casa tomé el teléfono y llamé a mi hermana Carmen que vivía en Ciudad de México y a Araceli que vivía en Ciudad Obregón, Sonora para que tan pronto como pudieran fueran a visitar a mi papá. A Gabriela, mi mamá se lo diría cuando regresara de recoger a sus hijas de la escuela.

Ya listo, me despedí dándoles un beso, y me fui a la terminal de autobuses.

Al llegar al hospital subí en el elevador al cuarto piso y saliendo, caminé hacia la habitación donde estaba mi papá. Al verlo, dejé mi mochila en el piso, me acerqué a su cama y entonces lo abracé y lo besé. A él le dio muchísimo gusto verme, y tal y como me había dicho mi tío, dentro de todo, estaba de muy buen humor, alegre y haciendo bromas.

Después de platicar un rato me dijo que estaban esperando los resultados de los diferentes estudios que hasta ese momento le habían hecho, pero que él confiaba en que -según lo que le había dicho el doctor en Perú-, con una cirugía podría recuperar su movilidad, como él decía de manera graciosa:
-"Me van a reconectar los cables"

Ese día, conforme se iban enterando, fueron llegando otros familiares a visitarlo. Sus hermanos Cristóbal, Armando, Manuel, y muchos amigos de la familia, mi hermana Carmen, mi hermano mayor Rafael, y por supuesto mi amada tía Nena, quien, cada día desde temprano y hasta la noche, estuvo al pie del cañón con nosotros en el hospital y, aprovechando las visitas, mi tío Toño se fue a su casa para estar con su familia y descansar-.

Con tanta gente, llegó un momento en que parecía que había una fiesta en el cuarto, pues mis tíos no paraban de hacerle bromas a mi papá y él, a ellos. Sus amigos recordando anécdotas que habían vivido juntos. Y nosotros riéndonos de todo. De repente, llegaba una enfermera a pedirnos que guardáramos silencio, pero mi papá le decía algo en broma y ella acababa riéndose también.

–¡Ay Don Ramón! Mejor me voy – decía aguantándose la risa y rápidamente salía del cuarto.

Al observar la alegría de todos y viendo a mi papá disfrutando de ese momento, me vino a la mente lo que llegó a hacer cuando, unos años antes, mis hermanas Araceli, Gabriela o Carmen tuvieron sus bebés.

Toda la familia íbamos al hospital y llegaba el momento en que ya no cabíamos en el cuarto. Entonces mi papá, sin decirnos nada, iba a la recepción y como si fuera un hotel, pagaba lo que costaba otro cuarto en el mismo hospital. De repente llegaba con una llave, abría el cuarto de al lado y nos decía: –"Venganse pa'ca!" – de inmediato se iba a la tienda y traía comida y bebidas para todos. Así celebraba ser abuelo otra vez.

Ese fue uno de los pocos "lujos" que se dio durante el tiempo que trabajó con Chespirito.

A partir del primer día en que mi papá ingresó al hospital, al llegar la hora de la tarde en que se terminaba la hora de visitas, solo nos quedábamos mi tía Nena y yo, aunque dando las siete de la noche en punto, ella regresaba a su casa a descansar. Cuando mi papá se quedaba dormido viendo la tele, yo bajaba a la taquería de enfrente del hospital y cenaba algo, luego regresaba y me acomodaba en el sillón viendo tele hasta que también me quedaba dormido.

A la mañana siguiente de su ingreso, llegó una enfermera a darle un baño de esponja. Al remover las sábanas se dio cuenta que la cama estaba mojada, entonces le dijo que sería mejor que ya no usar el pato para orinar, para evitar accidentes, sería mejor colocarle una sonda. Después de cambiarle las sábanas, lo bañó y enderezó la cama de manera que pudiera desayunar. Minutos más tarde, regresó con la sonda, retiró la mesa rodante, reclinó la cama hacia atrás y después de decirle a mi papá que se relajara, empezó el proceso. Cuando empezó a introducir la sonda, solo de imaginarme el dolor pensaba: "A ver en qué momento grita mi papá". Pero para mi sorpresa y la de la enfermera, no sólo no sintió dolor, simplemente no sintió nada. En ese momento me di cuenta de que también había perdido la sensibilidad en toda el área de la cadera.

Después de que saliera la enfermera del cuarto, llegó mi tía Nena, como siempre bien arregladita y perfumada pero, sobre todo, con su maravillosa actitud de amor y servicio: después de dejar sus cosas en el sillón se acercó a la cama para besar a su hermano y saludarlo como lo hiciera de ahí en adelante cada mañana:

–"¿Cómo estás 'Ramonita'?" - como le decía de cariño.

–"¡Bien Neni!" - Respondía él.

Ella se sentó a su lado y empezaron a platicar. Poco después del mediodía, llegaron al hospital mi mamá con Gabriela y Selene, a quien mi papá tenía muchas ganas de ver pues, ya que siendo la más pequeña de nosotros, era su consentida. Después de besarlo, Selene se quedaba parada al pie de la cama para sobarle sus piernas con mucho amor, aunque de repente, si se distraía viendo la tele, le daba vuelta al pie que, según ella estaba masajeando, de tal manera, que, si mi papá hubiera sentido lo que hacía, le hubiera dolido mucho. De broma mi papá le puso "La rompe-huesos", pues cada vez que le daba el "masaje" hacía lo mismo.

También llegó mi hermana Araceli, quien había viajado casi 30 horas desde ciudad Obregón, para estar con mi papá. Al verla se emocionó muchísimo pues hacía tiempo que no se veían. Además de ver a sus pequeños nietos: Miguel y Vanesa.

Más tarde llegaron mi hermano Rafael, su esposa y sus hijos, seguidos de Claudia, esposa de mi papá y sus hijitos. ¡Fue increíble! hubo un momento en que mi papá estaba rodeado de la mayoría de sus hijos: Rafael, Araceli, Gabriela, Carmen, Selene, Jorge, Dianita y el bebé Miguel. Solo faltaba Ramón "El Joe" quien vivía en Cancún.

Entre visita y visita de familiares y amigos, de repente llegó el Doctor a saludar a mi papá y preguntarle cómo se sentía. De manera amable le comentó que ya tenían los resultados de la mayoría de los diferentes estudios y análisis que le habían hecho, y que pronto regresaría para darnos el diagnóstico y cuál sería el tratamiento o procedimiento quirúrgico en caso de que fuera necesario. Después pidió que uno o dos familiares lo acompañáramos a su oficina para llenar y firmar unos formularios para la autorización del tratamiento. Rafa y yo decidimos acompañarlo.

Una palabra peor que 'Cáncer'

Tan pronto como entramos y nos sentamos, el doctor se disculpó diciendo que, aunque sí había formularios que firmar, había usado esa petición como pretexto para poder hablar con nosotros a solas acerca de los resultados de los análisis y estudios de mi papá. Entonces nos mostró varias radiografías. Primero de su tórax y después de su cadera. En cada una aparecían unas manchas oscuras de diferentes tamaños, tal y como lo había visto el doctor en Perú. Sin embargo, contrario a la suposición de aquel médico, quien pensaba que era osteoporosis, el doctor, basándose en los muchos estudios realizados el día anterior, nos dio un diagnóstico muy diferente e impactante, pero que a la vez explicaba la razón de sus fuertes dolores en la espalda y la parálisis en sus piernas y cadera.

–"Lamento muchísimo lo que van a escuchar, pero es mi responsabilidad por ética profesional explicarles el estado de salud de Don Ramón. Lo que ustedes ven en las radiografías como manchas oscuras es METÁSTASIS." – Y dirigiéndose a mí, dijo – "El Cáncer ha invadido varias partes del cuerpo de tu papá. No solo en su cadera como lo ven aquí", – mostrándome una de ellas – "sino en sus hombros, espalda y en particular en su estómago donde lo encontraron por primera vez en 1985." - Y continuó – "Don Ramón es muy fuerte! Aguantó tres años más de lo que los médicos habían previsto. Pero en la condición en la que está ahora, dudo mucho que haya algo, incluyendo la quimioterapia, para erradicar o contrarrestar el daño que ya tiene su cuerpo. De todos modos, se quedará hospitalizado unas dos semanas para monitorear el avance del cáncer en especial en órganos vitales como los pulmones e hígado, además del estómago".

Mientras escuchaba el diagnóstico, y lo que el doctor nos decía, mi corazón latía tan rápido y fuerte que podía sentirlo en mi pecho. También sin saber por qué empecé a sentirme culpable. Y es que, aunque tres años antes le habían extirpado el 70% de su estómago y le habían dado sólo seis meses de vida, puesto que se recuperó tan increíblemente y había vivido tan intensamente bien esos tres años, yo había olvidado por completo la posibilidad de que el enemigo contraatacara y menos aún, sospechaba que pudiera ser de manera tan agresiva.

Nunca antes había oído una palabra peor qué cáncer, ¡ni siquiera sabía que existía! Pero ahora la escuché y la odié ¡METÁSTASIS! ¡METÁSTASIS! Repetía mi mente.

No lo podía creer, y no supe qué decir. Solo sentí una gran frustración e impotencia y muchas ganas de llorar y hasta gritar. Pero solo grite y llore en silencio, mientras el doctor seguía hablando:

– "Creo que es importante que sepan que, en estos días, mientras esté en el hospital, le daremos todo lo que esté en nuestras manos para que Don Ramón tenga la mejor calidad de vida hasta que su cuerpo lo permita. Sin embargo, no sabemos exactamente el tiempo que le queda de vida, pero según los estudios y el daño que ya tiene en su cuerpo, podría ser un mes máximo dos. Por eso les sugiero que, según lo vayamos observando, más adelante lo lleven a casa. ¡Disfrútenlo lo más que puedan! ¡Consiéntanlo! Aprovechen el tiempo que les queda con él de la mejor manera. Háganle saber cuánto lo quieren. Y una vez que los síntomas se agraven o haya algo que les preocupe, lo traen acá con nosotros y lo atenderemos. Además, cualquier cosa nos pueden llamar por teléfono... ¿qué les parece?".

Le explicamos que mi papá vivía en Toluca con su esposa y tres hijitos pequeños, y que nosotros vivíamos en Cuernavaca, que tendríamos que platicar con los demás para decidir cuál sería la mejor opción para que, de ahí a dos semanas, nos lleváramos a mi papá.

Después de leer y firmar los formularios que autorizaban los diferentes tratamientos médicos; nos despedimos del doctor, le dimos las gracias.

Durante los siguientes 15 días de hospital, mi papá estuvo bien en general y con buen ánimo, feliz de recibir visitas incluyendo familiares que vivían en Estados Unidos y algunos compañeros actores. Los doctores seguían atendiéndolo de la mejor manera, tal y como lo habían prometido. Sin embargo, empezó a comer menos y por lo tanto a bajar de peso, y al no poder contener sus evacuaciones a usar pañales.

A pesar de todo, siguiendo la sugerencia del médico, empezando el mes de julio, después que mi papá lo aceptó y le avisó a Claudia, decidimos llevarlo a Cuernavaca.

Mi hermana Carmen había conseguido con la familia de su entonces esposo, unas casitas muy lindas y cómodas dentro de un predio, donde también podríamos hospedarnos mis hermanas y yo, y quien lo vistara. Mi amada tía Nena fue la primera que apartó su lugar para poder llegar ahí y estar con nosotros.

Para mi papá fue un poco difícil aceptar irse a Cuernavaca pues, aunque fue la mejor opción, anhelaba y extrañaba estar con sus hijitos en Toluca. De todos modos, estuvo pendiente de ellos al hacer llamadas a su casa y enviándoles dinero con mi tío Cristóbal.

Por casi un mes, estuvimos en esas casitas cuidando a mi papá y consintiéndolo con todo lo que pedía. El se la pasaba súper, pues casi cada semana venían sus hermanos. Además,

Araceli, junto con mi tía Nena le cocinaban los guisados que más le gustaban, aunque a veces comía poco o solo los probaba.

También le encantaba disfrutar a sus nietos que se ponían a jugar al lado de él y con él: Vanesa, Valeria, Daniela, Mariana, Victoria y Miguel, a quien mi papá quería de manera especial.

Como varón tuve la maravillosa responsabilidad de atenderlo en casa de diferentes maneras. Por ejemplo, cargándolo en mis brazos para acostarlo en su cama o llevarlo al sillón a ver la tele. También y especialmente, con sus necesidades fisiológicas como ayudarlo a bañarse, supervisar su sonda, la bolsa de la orina y a cambiar sus pañales cada día.

Al principio mi papá se sentía un poco incómodo cuando le ganaba del baño y tenía que limpiarlo. Pero yo lo tranquilizaba diciéndole que no se preocupara, recordándole que él había hecho lo mismo conmigo, me había cuidado y limpiado cuando era bebé, y ahora me tocaba hacerlo a mi. Eso lo tranquilizó muchísimo, además de que lo hacía siempre con mucho amor y gran respeto a su dignidad. Una o dos veces, se me quedó dormido en el sofá mientras lo cambiaba. ¡Amé muchísimo esos momentos! Lo besaba en su mejilla y me quedaba sentado allí, hasta que después de la pequeña "siesta", lo regresaba al sillón donde estaba. Aun así, recuerdo su cara cuando estábamos viendo la tele y de repente se me quedaba viendo y decía:

–"¡Mijo! ¡Creo que ya!" – lo que significaba que era hora de cambiarlo. Y de inmediato lo atendía.

Cuidar a mi papá de esa manera tan íntima fue un gran honor y un privilegio que no hubiera cambiado por nada en el mundo. Después de todo, cómo hubiera podido pagarle el amor que siempre me tuvo si no haciendo eso y ¡mucho más!

Y sí, hice mucho más….

Algo todavía más importante y valioso que cuidarlo de esa manera. Algo que le ayudó a aguantar su enfermedad y sufrimiento. Algo que le dio esperanza y le erradicó cualquier temor que hubiera tenido al morir. ¡Algo que, aunque fuera en el final de su vida lo acercó -como nunca antes- a Dios!

YA NO SOY "CABRA" AHORA SOY "OVEJA

Para cuando lo llevamos a Cuernavaca, yo ya tenía unos años estudiando la Biblia, lo cual me había ayudado de manera maravillosa por lo que me esforzaba por compartir lo que había aprendido con tantas personas como pudiera.

Aunque mi papá no era muy religioso, sí había crecido con las tradiciones que mi abuelita Guadalupe le había inculcado, y era sincero en sus creencias, tradiciones y sobre todo en sus oraciones.

Tiempo atrás había querido compartirle lo que había aprendido cuando de vez en cuando llegaba a visitarnos, pero por una cosa u otra no lo lograba, pues a veces solo comía, se tomaba sus cervezas, estaba un rato y se iba. No obstante, un día que nos visitó me sorprendió preguntándome acerca de una carta que le había escrito mi hermana Araceli, donde le explicaba - citando textos de la Biblia - una experiencia que mi papá había tenido con uno de sus hijitos. Por eso me pidió que le ayudara a "descifrar" la carta, pues no sabía qué eran esos nombres "raros" y números que Ara le había citado. Entonces, traje mi Biblia y sentados en la mesa, no solo leí los textos, sino que le expliqué cómo aplicaban a lo que mi hermana quería decirle. A mi papá le sorprendió muchísimo saber lo que dice la Biblia sobre las supersticiones, un tema muy arraigado en él. Fue increíble para mí ver su cara de asombro e interés mientras leía y explicaba los textos, pero esa fue la única vez que hablamos de la Biblia. Por eso, teniéndolo en casa ahora, cuidándolo y entendiéndolo, no iba a desaprovechar la oportunidad de enseñarle más de la Biblia, si él así lo quería.

Una mañana antes de irme a trabajar, le regale un libro llamado "Usted puede vivir para siempre en el paraíso en la tierra", el cual constaba de 30 capítulos, siendo en su mayoría preguntas bíblicas.

Para no presionarlo, le dije que lo revisara y escogiera uno o dos capítulos para que cuando quisiera los leyéramos juntos. Lo tomó en sus manos y de inmediato lo empezó a hojear. Me despedí de él dándole un beso y me fui a trabajar.

Cuando regresé por la tarde, lo encontré en su sillón viendo la tele y comiendo un poco. Le revise la bolsa de la orina, la vacíe en el baño y la coloque nuevamente en su lugar, me lavé las manos, me serví algo de comer y me senté a lado de él.

Mientras comía y veía la tele, sentí que se me quedaba viendo y al voltear a verlo noté en su cara cierta emoción y ansiedad. Entonces me dijo:

–"¡Ya mijo!"

Pensando que ya lo necesitaba le pregunté si quería que le cambiara el pañal. Pero respondió:

–"¡No mijo! Ya escogí los capítulos del libro que me diste.

Y tomando el libro que había puesto en una mesita, me lo dio para revisarlo. Al abrirlo pude ver que con un marcatextos había escogido dos capítulos:

¿Es la Biblia la palabra de Dios? y ¿Qué nos sucede al morir?

¡No lo podía creer! ¡Me puse tan feliz que lo abracé!

Entonces le pregunté cuando quería que empezáramos.

—"De una vez mijo. ¡Pa luego es tarde!"

A partir de entonces, casi cada día dedicamos una hora o más, según él quisiera o como se sintiera, para analizar no sólo los temas que había escogido, sino otras preguntas que él personalmente tenía y que nunca había tenido el tiempo de investigar, cómo: ¿Por qué hay tanto sufrimiento y por qué lo permite Dios?

Analizar el libro de Job le ayudó a responder esa pregunta. Pero más importante aún, le fascinó aprender lo que dice Job 14:14 y 15:

"Si un hombre muere,
¿puede volver a vivir?
Esperaré todos los días
de mi servicio obligatorio
hasta que llegue mi liberación.
Tú llamarás y yo te responderé.
Ansiarás volver a ver
la obra de tus manos."

Aunque nunca le dijimos lo que los médicos nos habían dicho, de lo poco que le quedaba de vida, ese y otros textos le ayudaron a entender que en caso de que muriera, sería por un tiempo y que entonces podría volver a vivir. Ver el gusto que le daba aprender y sobre todo ver el efecto que el estudio tenía en él me causaba mucha alegría y satisfacción. Sin embargo, las cosas estaban por cambiar.

Una mañana después de prepararle un café, me pidió que le cambiara el pañal. Lo llevé al sofá y lo recosté de lado hacia el respaldo del sillón. Entonces, al retirárselo note que tenía una pequeña llaga oscura en su coxis, la cual le había salido debido a estar sentado tanto tiempo sin moverse.

Desgraciadamente, aunque después de esto, estuvimos pendientes de cambiarlo de posición y le compramos una "dona inflable" para sentarse, en unos días la pequeña llaga ya había crecido hasta convertirse en escara. Inmediatamente le llamamos el doctor en México, y le explicamos lo que pasaba, y aunque nos dio instrucciones de cómo curarla y sanarla, después de hablar como familia, decidimos que era el momento de llevarlo de regreso al hospital.

1988. Los Nietos: Mariana, Daniela,Vanesa, Valeria, Miguel y Victoria.

EL ÚLTIMO VIAJE

Segunda parte

Esa decisión, fue la mejor que hubiéramos podido tomar, ya que tan pronto como los doctores lo revisaron, descubrieron que la escara aparentemente superficial, ya se había extendido casi hasta el hueso del coxis, por lo que tan pronto como pudieron, lo prepararon para una sencilla pero importante intervención quirúrgica, donde harían un tipo de raspado de la piel ya muerta evitando de esa manera que se extendiera todavía más.

Aunque los doctores se portaron siempre de maravilla, sinceramente creo que fue un gran error no habernos advertido del cuidado específico que requería mi papá en cuanto a supervisar sus posturas y cambiarlo de posición frecuentemente para precisamente evitar lo que ya había sucedido.

Desafortunadamente, esa misma semana, le tuvieron que hacer otro raspado pues su piel tardaba mucho en sanar, y aunque lo supervisaban continuamente, esa escara jamás cicatrizó, lo que hizo más difícil e incómoda la estancia en el hospital.

En general, desde su reingreso, su salud se deterioró mucho, ya que el cáncer estaba avanzando a gran velocidad y de manera más agresiva, lo que le causaba dolores intensos y frecuentes.

Además, cualquier alimento o líquido que ingería, lo vomitaba casi al instante, por lo que empezaron a alimentarlo vía intravenosa.

En estas circunstancias, decidimos limitar las visitas a solamente sus hermanos, esposa e hijos. Claro, la que siempre tenía el pase de honor era mi tía Nena.

A pesar de lo incómodo de las circunstancias, cada día mi papá me pedía que antes de dormirse, aunque fuera breve, le leyera la Biblia. Y hasta en ese contexto mantenía su gran sentido del humor, como cuando haciendo referencia a un pasaje bíblico me dijo:

–"Qué bueno que me pasó esto", - refiriéndose a su enfermedad.

Sorprendido lo miré

– "¿Por qué dices eso?"

Con picardía y una sonrisa inocente respondió:

–"Porque si no estuviera aquí, seguiría siendo una *cabra*, haciendo travesuras, pero ahora soy una *oveja*.

Para mi fue muy satisfactorio ver como, - después de todo, no solo estaba aprendiendo sino creyendo y aplicando de alguna manera lo que leíamos. Incluso me enteré, que un día, mi papá le dio una lección Bíblica a su hermana Nena, haciéndole preguntas de lo que él había aprendido y que mi tía no había podido responder.

CUENTA REGRESIVA

Comenzando el mes de agosto, mi papá comenzó a sentir ansiedad y desesperación por tanta cama, medicamentos y deterioro físico. Los dolores se intensificaron, por lo que los doctores comenzaron a suministrar pequeñas dosis de morfina.

También recuerdo que cuando lo cargaba para pasarlo de la cama al sillón, me costaba más trabajo, pues sentía que pesaba más que al principio de su enfermedad, en ese momento no entendía la razón de este cambio, posteriormente entendí que esto se debía al peso de los tumores cancerosos que seguían creciendo..

Los médicos revisaban sus sondas, la escara y signos vitales en general, varias veces al día y, cada vez que terminaban, salían de la habitación y nos decían lo poco que le faltaba para morir y que muy probablemente tendrían que sedarlo completamente si los dolores aumentaban.

Sabiendo el poco tiempo que le quedaba, mis hermanas Araceli, Gabriela, Carmen y a veces Selene, se quedaban a dormir en el cuarto conmigo para cuidarlo.

Eso no estaba permitido, pero a la hora que pasaba la enfermera a checar el cuarto, y ver quien estaba, ellas se escondían en el closet o en el baño, y nada más se iba, salían y se acercaban a mi papá para consentirlo, lo que, a pesar de sus dolores, le causaba mucha risa.

Como solo había un sofá y un sillón donde mi papá se sentaba, acabábamos dormidos en el suelo, al lado o abajo de la cama..

Eso fue increíble, pues al estar juntos, recordamos cuando de pequeños dormíamos en el mismo cuarto y hasta en la misma cama. Incluso cuando mi papá se quedaba dormido, empezábamos a jugar y hacer algunas bromas con temor de despertarlo, tal y como lo hacíamos de niños.

Una noche que me quedé solo con él, le pregunté si quería que le leyera algo de la Biblia antes de dormir, pero angustiado y con voz cansada, me dijo que no, que se sentía tan mal que no podría concentrarse y entender nada.

Al verlo preocupado le tomé la mano y apretándola le dije:

—"No te preocupes papá, en el nuevo mundo, cuando nos volvamos a ver, nos sentaremos debajo de un árbol, y ahí continuaremos tu estudio". Sin decir nada, apretó la mía, le di un beso y entonces se quedó dormido.

Esa noche, en la madrugada, me desperté al escuchar un ligero sollozo. El cuarto estaba oscuro y solo había algo de luz que venía de la calle pero que iluminaba un poco la cama. Sin moverme, seguí escuchando y me di cuenta de que era él quien, en silencio, estaba llorando. Pensé en levantarme para abrazarlo, pero decidí no hacerlo, pues me imaginé que era un momento muy personal e íntimo en el que quizás, se estaba desahogando orándole a Dios. Minutos después se calló y se quedó dormido.

La mañana siguiente llegó de sorpresa mi tío Manuel con un hermoso arreglo de flores y frutas y lo puso justo en frente de la cama para que mi papá lo pudiera disfrutar. De por sí a los Valdés siempre les gustaron las flores y en especial las rosas rojas, por eso mi tío escogió las más bonitas para el ramo, y las frutas que más le gustaban a mi papá: manzanas y duraznos. ¡A mi papá le encantó!

—"Gracias Boroloro".

— "De nada Monchito, ya sabes" — le respondió, y acercándose le besó la frente.

Para estar más cómodo y platicar con mi tío, mi papá me pidió que lo pasara al sillón. Me acerqué a él y metiendo con cuidado mi brazo izquierdo debajo de sus piernas y rodeando su espalda con el derecho, le dije que él pusiera el suyo en mi cuello, y entonces con cuidado lo cargue hasta el sillón. Entonces los deje solos en el cuarto para que platicaran a gusto. Después de unos minutos, salió mi tío para decirme que mi papá quería que lo cambiara. Sí, aunque había enfermeras, él prefería que yo lo atendiera.

Mi hermana Araceli me comentó, que cuando yo estaba adentro cambiándolo, mi tío se recargó en la pared mirando hacia arriba golpeando levemente su cabeza, y diciendo lo mal que se sentía por haber tenido un concepto tan negativo y equivocado de mi, pues después de saber y ver cómo cuidaba a su hermano lo hizo recapacitar. Al final entró nuevamente al cuarto solo para despedirse de su hermano, luego se acercó a mí y me dijo – "Gracias Pete" me dio un beso y se fue.

Más tarde, mientras veíamos la tele y platicábamos con mi papá, se le quedó mirando al arreglo que había traído mi tío, me dijo:

–"Pásame un durazno mijo"

En ese momento pensé "Él sabe que no puede comer nada, le va a hacer daño, ¡va a vomitar!", pero al mismo tiempo me dije: "¿Qué importa? Si lo quiere comer, que se de este gusto, ¡que lo disfruté!", tomé el durazno más grande y se lo entregué!

Mis hermanas y yo, lo miramos con atención mientras se lo acercaba a la boca, pero para sorpresa nuestra, ¡no lo mordió!. Lo que hizo fue acercarlo a su nariz para olerlo profundamente una y otra vez, disfrutando intensamente de su aroma, llenando sus pulmones de ese hermoso perfume y haciendo una pausa; y mirándome a los ojos, dijo algo que para mí fue maravilloso y que nos hizo llorar:

– "¡Ahhh! ¡Así va a oler el arbolito donde vamos a sentarnos a estudiar!" – confirmando así que de verdad creía que nos volveríamos a ver.

Llorando, uno por uno lo abrazamos y lo besamos.

Desde ese día en adelante, los dolores en su cuerpo aumentaron muchísimo, por lo que los doctores decidieron aumentar la dosis de morfina. Esto le quitaba el dolor por completo, pero a la vez lo hacía dormir durante casi todo el día o toda la noche, según la hora en que se la ponían. De repente despertaba unos minutos y al vernos sonreía, pero con cierta tristeza nos decía:

–"Ya casi llegaba al arbolito, ya quiero estar allá" – Y de broma balbuceando agregaba – "Ustedes que tienen palancas con Jehová, díganle que ya quiero estar en el arbolito" – Y entonces se volvía a dormir.

En los días siguientes, aunque no podían entrar al cuarto a verlo, sus amigos y muchos familiares llegaban al hospital para estar con nosotros, brindarnos su apoyo y animarnos. La mayoría ya sabía lo que estaba por suceder y mostraban en su rostro gran preocupación y tristeza. Uno de ellos, Carlos Villagrán, deseando muchísimo por lo menos darle un abrazo nos pidió que hiciéramos una excepción y lo dejáramos entrar. Como mi papá estaba despierto, le dije que Carlos quería pasar a saludarlo.

De inmediato dijo que sí, pasó y se quedaron solos.

Al salir del cuarto, Carlos nos contó que al ver a su amigo y compañero de tantos años tan demacrado y sabiendo lo que pronto pasaría, no pudo contenerse y abrazándolo comenzó a llorar. Increíblemente, hasta en esas circunstancias, mi papá se valió del sentido del humor y del sarcasmo para burlarse de la muerte pues para consolarlo le dijo:

-"Ya, ya Cachetón, ¡no llores! ¡Es más, allá te espero!"

Carlos sollozando le preguntó:

-"¿Allá con el Señor?"

-"No te hagas, ¡allá abajo!" - Contestó con una pícara son-risa.

Carlos lo abrazó nuevamente y, aun llorando, se despidió de él sabiendo que sería la última vez.

Al día siguiente por la tarde, antes de que llegara la en-fermera a ponerle la siguiente dosis de morfina, mi papá me pidió que llamara a mis hermanas y a mi mamá. Al entrar, mis hermanas se acomodaron alrededor de la cama y cada una lo empezó a acariciar, una su cabeza, otra sus pies y otra sus pier-nas. Yo tomé su mano derecha y mi mamá se paró a mi lado.

-"¿Que paso pa?", le preguntamos.

Fue entonces que hizo lo que menos nos imaginamos:

Mirando fijamente a mi mamá, con lágrimas en los ojos y la voz entrecortada le dijo:

-"¡Perdóname! ¡Ara, por favor perdóname!"

Al escucharlo decir eso y ver sus lágrimas rodar en sus me-jillas hizo que se me hiciera un nudo en la garganta y que mi estómago se hundiera dentro de mi, pues entendía perfecta-mente lo que había detrás de sus palabras.

Mi mamá al verlo tan angustiado, tomo su mano y le dijo:

-"¡Está bien Flaco! Está bien. ¡No te preocupes!" – lo que provocó que mi papá llorara más.

Y dirigiéndose a nosotros, con más lágrimas en los ojos nos dijo:

−"¡Perdónenme hijos! ¡Perdónenme!".

Sin poder contenernos ya, lo abrazamos y comenzamos a llorar con él diciéndole que no tenía que decir eso, que no se preocupara, que todo estaba bien y que lo amábamos mucho. Que su amor por nosotros era muchísimo más grande que cualquier error que hubiera cometido. Poco a poco nos tranquilizamos y nos quedamos ahí mientras se secaba sus ojos, suspiró profundamente y nos dijo:

−"Gracias".

Finalmente, llegó la enfermera y le administró morfina. Mientras le hacía efecto y se iba durmiendo, -levantando con dificultad su mano-, nos dijo nuevamente:

−"¡Nos vemos en el arbolito!".

Podría decir que esa fue nuestra despedida, pues, debido a la dosis regular de la morfina, desde ese día en adelante estuvo inconsciente.

Aun así, nos mantuvimos ahí con él, día y noche, día y noche. Los doctores, llegaban a checar sus signos vitales, las diferentes sondas y catéteres, tal como lo venían haciendo durante todo este tiempo.

En ocasiones, entre el sueño y la conciencia, mi papá balbuceando pedía ver al "Joe", mi hermano mayor y el único de sus hijos a quien no había visto, pues vivía en Cancún y se le había complicado viajar para verlo. Finalmente, y gracias a Dios, dos días antes de su partida, llegó mi hermano y pudo despedirse de él también.

Recuerdo que con voz fuerte le dije al oído:

—"¡Papá! ¡Aquí está el Joe! ¡Aquí está el Joe!",

Aunque pensaba que no reaccionaría, para nuestra sorpresa, con dificultad abrió los ojos para decirle el gusto que le daba verlo. Mi hermano, tomándole la mano, se acercó y lo besó. Luego, se durmió de nuevo.

El 8 de agosto de 1988, fue un día muy largo para todos nosotros, pues era obvio por el estado físico de mi papá, que pronto moriría. Con mucha dificultad podía respirar, y llenar sus pulmones de oxígeno y sus signos vitales eran casi imperceptibles.

Aunque nos dolía imaginarlo, pensábamos que lo mejor sería que por fin descansara y dejara de sufrir esa agonía. Además, nosotros mismos sufríamos al verlo así.

En el cuarto, solo estábamos mis hermanos, mi tía Nena y yo. Mirándolo, y acompañándolo, tomando su mano, acariciándolo, besándolo y hablándole, aunque quizás no nos escuchara. Mi tía con su rosario en la mano, rezando sin parar mientras desde su sillón veía a su "Ramonita", -su amado hermano- en agonía.

Mis tíos esperaban afuera del cuarto con la incertidumbre de lo que sucedería. Entonces, en un momento, mi tío Manuel, no pudo aguantar más, y quiso entrar a verlo. Ya adentro, se quedó parado en la puerta mirándolo, reprimiendo su dolor y tristeza lo más que pudo. Entonces, acercándome a su oído le dije:

—"¡Papá! ¡Aquí está mi tío Manuel! ¡Mi tío Manuel papá!"

Mi tío desde donde estaba le dijo:

—"¡Monchito querido! ¿Qué pasó Monchito?" - Chiflándole, como acostumbraba hacerlo.

Increíblemente sacando fuerzas no sé de dónde y sin abrir los ojos, empezó a hablar.

Como no era claro lo que decía, fui yo quien ahora acerqué mi oído a su boca para descifrar sus palabras. Aunque balbuceando, de manera muy pausada y con mucha dificultad pude escuchar las que fueron las últimas palabras que salieron de su boca y las fui repitiendo en voz alta una por una para que escuchara mi tío.

– "Dios te cuide.....

  – "Dios te cuide...

– "Te ayude...

  – "Te ayude...

Y antes de que terminara de decir lo que faltaba, reconociendo lo que decía, mi tío no pudo aguantarse y se echó a llorar diciendo: - "¡Me está echando la bendición!"

Entonces mi papá terminó diciendo:

– "Y te bendiga".

Ya no tuve que repetir esta última frase, mi tío lo adivinó. Sin más, salió apresuradamente del cuarto llorando inconsolablemente.

Después de eso, durante toda la tarde, los doctores entraban y salían casi cada hora. A veces nos decían lo poco que faltaba para su deceso y a veces simplemente entraban y salían.

Finalmente, como a las nueve de la noche, llegó la doctora de ese turno, Rosa Elia Luna quien dedicó mucho más tiempo a valorar a mi papá, notando en especial los ruidos o ronquidos con silbido que hacía al intentar respirar, llamados estertores. Después de explicarnos su conclusión, de manera muy amable, y hasta tierna nos dijo:

—"Lo siento mucho pero Don Ramón no pasará de esta noche. Estén preparados". - Y entonces salió.

Aunque fueron impactantes sus palabras, al mismo tiempo sabíamos que ese momento tarde o temprano llegaría.

Para colmo, en medio de nuestra angustia y la agonía de mi papá, comenzó a llover muy fuerte. Desde la ventana podíamos ver el aguacero y los relámpagos de la tormenta, además de escuchar los truenos que hacían vibrar el hospital.

En un momento, uno de esos truenos retumbó muy cerca e hizo que hasta los cristales se sacudieran.

Increíble como quizás les pueda parecer, mi papá reaccionando al estruendo, hizo exactamente lo que en broma hacía cada vez que un ruido o explosión lo asustaba:

Simulando con su mano un arma, alzando su brazo hacia arriba lo movió como si hubiera sido él quien la había detonado y causado el estruendo. ¡Sí! Hasta poco antes de morir nos dio una última lección:

¡Nunca pierdan el sentido del humor!

Esa noche, nos turnamos casi cada hora de dos en dos para estar en el cuarto, pendientes de lo que pasara, pues sabíamos que, en cualquier momento, en cualquier segundo, llegaría su fin. Mientras, los demás esperaban en el pasillo afuera, tratando de dormir un poco en un sillón o hasta en el suelo.

A la 1.30 a.m. nos tocó entrar a Araceli mi hermana y a mi. Después de besarlo, me senté en el reposet al lado de él, y Ara en el sillón cerca de la ventana.

Minutos después al cerrar mis ojos, mientras le oraba a Jehová, escuchaba la dificultad con la que respiraba y como cada vez tardaba más en inhalar algo de aire... cada vez más, cada vez más... Entonces en un segundo sin darme cuenta me quedé dormido, y en ese mismo segundo, a la 1:53 a.m. escuche la voz de Araceli diciendo:

–"¡Manito! ¡Ya!".

De inmediato abrí los ojos y al mirarla me dijo:

–"¡Ya descansó manito!".

¡Mi papá había muerto!

Me levanté de inmediato del sillón, me acerqué a él, y al verlo me di cuenta de que efectivamente ya no respiraba, pero al tomar su mano sentí todavía su calor y con lágrimas en los ojos lo besé; acercándome a su oído le dije:

"Jehová te va a cuidar, Nos vemos en el arbolito papá. Mientras... descansa"

Araceli también se acercó y después de recostar su cabeza en su pecho y derramar sus lágrimas sobre él, salió del cuarto para avisarles a los demás que mi papá había partido.

Sobra mencionar el indescriptible dolor que me causó su muerte y la cantidad de lágrimas que mis hermanas, hermanos, tíos, primos, nietos, esposa, amigos y yo derramamos ese día, y al día siguiente en su funeral y entierro, y las que a veces derramamos todavía hoy, los que quisimos tanto a ese ser humano -con sus virtudes y defectos-, a ese individuo tan maravilloso -con su creatividad y sentido del humor -, a ese hombre tan impresionantemente cariñoso y amoroso que fue mi papá.

Su legado como actor permanece y sus lecciones de vida como ser humano ya no solo están en mi memoria o en mi corazón ahora están con todos ustedes después de leer este libro y descubrir que "Don Ramón", ese personaje tan amado por todos ustedes, no es tan diferente, -si acaso lo es-, del ser humano que le dio vida: Mi papá, Don Ramón Valdés. Aunque perderlo en la muerte fue terrible y muy doloroso, me llena de gran felicidad y orgullo ver cómo, aunque murió hace más de treinta años, gracias a su trabajo, sigue influyendo en millones de personas, haciendo feliz a la gente, provocando sonrisas y carcajadas.

Pero más importante aún, lo que me hace realmente feliz, es haberle podido dar el mejor regalo que jamás hubiera podido tener: ¡Una esperanza maravillosa!

Hoy más que nunca, estoy convencido de que, en cumplimiento de la promesa mencionada en la Biblia en Juan 5;28,29 muy pronto, aquí mismo en la tierra, lo volveremos a besar, lo volveremos a abrazar y por supuesto continuaré enseñándole, cuando sentados bajo el arbolito de durazno, estemos juntos, otra vez.

HONOR A QUIEN
HONOR MERECE

Mi papá, comenzó su carrera como actor en 1949, a los 25 años de edad, durante la época de oro del cine nacional en México.

Y fue mi tío Germán Valdés "Tin Tan", -quien para entonces estaba en la cima de su carrera como actor-, quien lo invitó a participar con él, en la película "Calabacitas tiernas" como "Willy", dirigida por Gilberto Martínez Solares, y donde por primera vez, demostró su talento como actor y bailarín.

A partir de entonces, mi papá Ramón Valdés formaría parte del equipo de actores del que Germán se rodearía en muchas de sus películas.

En realidad, sin el apoyo de mi tío, muy probablemente mi papá nunca hubiera logrado incursionar en el cine y, por lo tanto, años más tarde, en la televisión.

Por ejemplo, , estas son algunas de las películas en que lo impulsó:

El rey del barrio (1949) como "El norteño",

Soy charro de levita (1949) como "Don Primitivo",

La marca del Zorrillo (1950),

Simbad el mareado (1950),

El Revoltoso (1951) – Detective,

¡Ay amor, cómo me has puesto! (1951),

¡Mátenme porque me muero! (1951),
Las locuras de Tin Tán (1952)
Me traes de un ala (1953) como "González",
El vizconde de Montecristo (1954),
El fantasma de la opereta (1960), entre otras.

Por eso, como agradecimiento a ti tío Germán, hago esta breve semblanza en mi libro:

En 1937, Pedro Meneses Hoyos, director de la estación de Ciudad Juárez XEJ, y quien era "Compadre" (mejor amigo) de Don Rafael Valdés, invitó a mi tío Germán a trabajar con él en la radio.

Al principio, su trabajo era solamente organizar y etiquetar cientos de discos de acetato de 78 revoluciones. Según cuentan, cierto día, se descompuso uno de los micrófonos y le pidieron a mi tío que lo revisara y reparara pero, en lugar de cumplir con su tarea, empezó a jugar con él, y pensando que nadie lo veía o escuchaba, se puso a cantar, imitando a Agustín Lara, cantante mexicano reconocido de ese tiempo. Don Pedro Meneses, al oírlo, pensó que en realidad era Lara quien cantaba. Al descubrir que era mi tío quien lo hacía, percibió la creatividad y talento que desde entonces tenía.

A partir de entonces, Meneses lo invitó a intervenir en varios programas de radio, donde siguiendo el guion de Meneses, hacía de las suyas de manera muy original y graciosa, lo que dio comienzo a una carrera de cantante y cómico en esa estación de radio.

A mediados de 1943, la Compañía de Teatro de revista del director artístico y ventrílocuo Ecuatoriano Paco Miller, en su gira por el norte del país, hizo escala en Ciudad Juárez. Uno de sus artistas decidió no seguir la gira hacia Estados Unidos por cuestiones legales, por lo que Miller tuvo que conseguir quien lo supliera. Alguien le sugirió que fuera a la XEJ para que conociera a mi tío Germán, a quien entonces apodaban "La chiva", durante su programa de radio "El Barco de la ilusión". Después de asistir al programa, Miller se dio cuenta del gran talento que tenía.

Fue por eso, que decidió invitarlo a ser parte de su equipo de artistas, a lo cual aceptó, con la condición de que le pusieran *un patiño*[1], lo cual Miller aceptó, sugiriéndole que fuera Marcelo Chávez, quien ya llevaba más de un año trabajando con él. De ahí continuaron con la gira junto con otros artistas, siendo anunciado, por solicitud de mi tío, como "El Pachuco Topillo

---

1. Es un término de amplio uso en la cultura popular del espectáculo (particularmente en México) para referirse a una persona a la que se hace blanco de burlas, una especie de personaje secundario en la comedia que hace sobresalir al cómico principal.

Tapas" llegando hasta la ciudad de Los Ángeles en los Estados Unidos. Para noviembre de ese mismo año, Germán, ahora como Tin Tan, se presentó junto con su carnal Marcelo Chávez en el teatro Iris en la Ciudad de México, como parte de la compañía de artistas de Paco Miller, resultando en un éxito rotundo.

Para 1944, participa por primera vez en el cine, en la película "Hotel de Verano" con su personaje de Pachuco, y a partir de entonces, su carrera en el cine, despuntó de tal manera que, con el tiempo, llegó a filmar hasta tres películas en un mismo año, en las cuales también participó Ramón.

Uno o dos años después, en la estación de radio XEW, en la Ciudad de México, según contaba mi mamá, sucedió una interesante anécdota:

Las Julián quienes ya habían alcanzado cierta fama, ensayaban para un programa de radio, junto con sus compañeros Los 4 Melódicos y el famoso pianista Juan García Esquivel, cuando les avisaron que fueran al Estudio Azul y Plata, donde, se presentaría un nuevo cómico, y necesitaban más gente para llenar las butacas del lugar.

Una vez que el auditorio estaba casi lleno, el locutor presentó a un tal "Tin-Tan" y a su carnal Marcelo, quienes venían del norte del país a hacer su primera presentación en la ciudad capital.

La presentación del nuevo cómico, pareció gustarle al público, ya que incluía canciones y parodias, aunque al principio, el estilo de humor que manejaba, fue difícil de entender. Lo gracioso del asunto, es que a Rosalía Julián, el tal "Tin-Tan", le cayó muy mal. Es decir, no solo no le gusto la presentación, sino que ese cómico, le pareció poco gracioso. ¡Quién se imaginaría que, con el tiempo, se enamorara y se casara con él! y que esa unión diera pie para que también se conocieran, se enamoraran y se casaran mis papás.

DETRÁS DE UN GRAN HOMBRE
HAY UNA GRAN MUJER

Aunque en este libro menciono brevemente a mi mamá, Araceli Julián, y pareciera que no estuviera tan presente en el relato o en nuestras vidas, la realidad es otra, ella no solo estaba ahí por nosotros de tiempo completo, hemos de reconocer que de hecho mi papá llegó a ser quien fue gracias a mi mamá.

A diferencia de mi papá, mi mamá desde muy niña -debido a su carrera artística como *Hermanas Julián-*, conoció la fama, el éxito, los lujos y los viajes internacionales a Estados Unidos y La Habana entre otros.

Además, su origen fue muy diferente ya que su padre Julio Julián Zumelaga era originario de Santander España, y su madre Araceli Tato de la Fuente, de Guatemala. Sus tíos Alfredo Tato y Sergio Tato fueron músicos, cantantes y compositores extraordinarios, y fueron ellos quienes influyeron en sus sobrinas musicalmente.

Julio Julián Tato, -hermano de mi mamá- estudió canto en México y muy joven viajó a Europa donde llegó a ser un prestigioso Tenor de Ópera de fama al nivel de Placido Domingo y se casó con la Soprano Española Conchita Domínguez.

Leticia Julián Tato, la hermana menor de mi mamá, también destacó como cantante y llegó a ser conocida como "La voz de Fuego", grabando varios discos de acetato y viajando a diferentes lugares, incluyendo Estocolmo.

Mi mamá fue una mujer muy hermosa física y emocionalmente, además de tener un sentido del humor sensacional y siempre sonreír, por lo que tuvo pretendientes al por mayor, entre quienes estaban los galanes de la época de oro del Cine Nacional Mexicano como: Luis Aguilar y Fernando Casanova de quien fue novia.

Sin embargo, a pesar de este extraordinario origen -tan diferente del de mi papá-, cuando lo conoció, se enamoró perdidamente de él, cosa que sorprendió a más de uno pues, aunque mi papá no era feo, no le llegaba ni a los talones al físico de aquellos galanes, sin dejar de mencionar que en ese tiempo - como decimos en México-, no tenía ni en qué caerse muerto. Pero esto, de ninguna manera, cambió el amor que llego a sentir por él.

La realidad es que, a diferencia de los cuentos donde la plebeya se casa con el príncipe rico, en esta historia fue la "princesa" quien se casó con el "plebeyo" quien, aunque no tenía que ofrecerle, le dio lo más importante: ¡El más grande de los amores! Por eso para mi mamá estar con mi papá, sin importar dónde o en qué condiciones estuvieran, fue lo más importante y lo que la hizo tan feliz.

Al unir sus vidas se complementaron de manera maravillosa pues lo que ella no tenía o sabía, lo aprendió de mi papá y viceversa. Por ejemplo, debido a su carrera mi mamá nunca aprendió a cocinar, pero como mi papá era un excelente cocinero, fue él quien le enseñó y ella lo aprendió muy bien. Por otro lado, mi papá amaba la música, pero no sabía tocar la guitarra, mi mamá, pacientemente le enseñó y él también aprendió muy bien.

TRABAJOS DE RAMÓN VALDÉS Y DE DON RAMÓN

Mi papá y Don Ramón compartieron muchos talentos y trabajos para sacar a sus hijos y a la Chilindrina adelante. Tal como lo podíamos ver en la televisión, nosotros lo habíamos vivido exactamente igual.

Ambos trabajaron como:

Peluquero.

Yesero.

Carpintero.

Mecánico.

Zapatero.

Fotógrafo.

Ebanista.

Desplumaba pollos.

Cantante.

Guitarrista.

Por supuesto recordamos al personaje de Don Ramón en otros
tantos trabajos:

Vendedor de aguas frescas.

Lechero.

Repartidor de leña.

Globero.

Vendedor de artículos para las fiestas de Independencia.

Jardinero.

Vendedor de churros.

Maestro de obras.

Peón.

Ropavejero.

Representante artístico de los jugadores de yo-yo.

TRAYECTORIA

¡Ah qué Kiko! (1988),
Luis Miguel; aprendiz de pirata (1984),
El más valiente del mundo (1983),
Los Gatilleros del diablo (1983),
Federicco (1982),
OK Mister Pancho (1981),
Chanoc en el Circo Unión (1979),
En esta primavera (1979),
El Chanfle (1979),
El secuestro de los cien millones (1979),
Chanoc en la isla de los muertos (1977),
Chanoc en el foso de las serpientes (1975),
El Capitán Mantarraya (1973),
Las Tarántulas (1973),
Entre pobretones y ricachones (1973),
Hijazo de mi vidaza (1972),
Chanoc contra el tigre y el vampiro (1972),
Los Beverly del Peralvillo (1971),
El Profe (1971),
EL Chavo del 8 (1971),
¡Ahí madre! (1970),
Chanoc en las garras de las fieras (1970),
La Hermanita Dinamita (1970),
El cuerpazo del delito (1970),
Gregorio y su ángel (1970),
EL Chapulín Colorado (1970),
Los súper genios de la mesa cuadrada (1969),
El aviso inoportuno (1969),
Duelo en El Dorado (1969),
Corona de lágrimas (1968),
El Caudillo (1968),
El Ciudadano Gómez (1968),
Los Supergenios de la mesa cuadrada (1968),
Un par de robachicos (1967),

El Pícaro (1967),
Retablos de la Guadalupana (1967),
Crisol (1967),
La Cigüeña distraída (1966),
El Indomable (1966),
El Ángel y yo (1966),
Cargamento prohibido (1966),
Tirando a gol (1966),
Cada quién su lucha (1966),
Joselito vagabundo (1966),
El Tragabalas (1966),
Tintansón Crusoe (1965),
Los Fantasmas burlones (1965),
El rifle implacable (1965),
Mi héroe (1965),
El Pecador (1965),
El Padre Diablo (1965),
Diablos en el cielo (1965),
Campeón del barrio (1964),
Héroe a la fuerza (1964),
Mi alma por un amor (1964),
Vivir de sueños (1964),
Agente XU 777 (1963),
Fuerte, audaz y valiente (1963),
Vuelven los Argumedo (1963),
El Tesoro del rey Salomón (1963),
Los Amigos Maravilla en el mundo de la aventura (1963),
¡En peligro de muerte! (1962),
Los Valientes no mueren (1962),
Cazadores de asesinos (1962),
El Centauro del norte (1962),
El Malvado Carabel (1962),
Juventud rebelde (1961),
Los Inocentes (1961),
Escuela de valientes (1961),
Viva Chihuahua (1961),
El Duende y yo (1961),

El Pandillero (1961),
El Fantasma de la opereta (1960),
Tin Tan y las modelos (1960),
Variedades de medianoche (1960),
Vivir del cuento (1960),
El Cofre del pirata (1959),
Tres lecciones de amor (1959),
La Odalisca No. 13 (1958),
Las mil y una noches (1958),
Refifi entre las mujeres (1958),
Escuela para suegras (1958),
Los tres mosqueteros y medio (1957),
Las aventuras de Pito Pérez (1957),
Bodas de oro (1956),
El vividor (1956),
El sultán descalzo (1956),
Pura vida (1956),
Una movida chueca (1956),
La Vida no vale nada (1955),
Escuela de vagabundos (1955),
Mulata (1954),
El Mariachi desconocido (1953),
Dios los cría (1953),
El Vagabundo (1953),
Me traes de un ala (1953),
Las Locuras de Tin Tán (1952),
¡Mátenme porque me muero! (1951),
Ay amor, cómo me has puesto! (1951),
El Revoltoso (1951),
Simbad el Mareado (1950),
La Marca del zorrillo (1950),
El Rey del barrio (1950),
Novia a la medida (1949),
Soy charro de Levita (1949),
Calabacitas tiernas (1949)

ACERCA DEL AUTOR

Esteban Valdés Julián, nació en Ciudad de México el 27 de noviembre de 1960, creció rodeado de una familia de artistas que incluye locutores de radio y televisión, cantantes de ópera y baladistas, músicos y compositores. Es hijo del actor Mexicano Ramón Valdés quien a su vez formó parte de una dinastía de actores de cine en la época de oro del cine Nacional y en televisión en los años 70´s, siendo reconocidos a nivel internacional, y de Araceli Julián quien en los años 40's formó parte del trio "Hermanas Julián".

Es un autor independiente, actor de profesión; en los años 80´s participó en el musical "Jesucristo Superestrella" y en la película norteamericana "El Cavernícola" con el ex-Beatle Ringo Starr. Forma parte del grupo musical "Los Sabucanes" en Isla Mujeres donde canta boleros, baladas y cumbias en eventos sociales y bodas.

Profesor de Inglés por más de 30 años, incluyendo trabajo como docente en la Universidad La Salle.

🐦 @Conpermisito

📷 @estebitanvaldes

▶️ Ramón Valdés

Made in the USA
Las Vegas, NV
19 December 2024

14674815R00121